GRAMÁTICA
MARCHA CRIANÇA
5º ANO

CB042994

Maria Teresa Marsico

Professora graduada em Letras pela Universidade Federal do Rio de Janeiro (UFRJ) e em Pedagogia pela Sociedade Unificada de Ensino Superior Augusto Motta. Atuou por mais de trinta anos como professora de Educação Infantil e Ensino Fundamental das redes municipal e particular de ensino no município do Rio de Janeiro.

Maria Elisabete Martins Antunes

Professora graduada em Letras pela Universidade Federal do Rio de Janeiro (UFRJ). Atuou durante trinta anos como professora titular em turmas do 1º ao 5º ano na rede municipal de ensino do Rio de Janeiro.

Armando Coelho de Carvalho Neto

Atua desde 1981 com alunos da rede oficial de ensino e professores das redes oficial e particular do Rio de Janeiro. Desenvolve pesquisas e estudos sobre metodologias e teorias modernas de aprendizado. É autor de obras didáticas para Ensino Fundamental e Educação Infantil desde 1993.

Agora você também consegue acessar o *site* exclusivo da **Coleção Marcha Criança** por meio deste QR code.

Basta fazer o *download* de um leitor QR code e posicionar a câmera de seu celular ou *tablet* como se fosse fotografar a imagem acima.

editora scipione

editora scipione

Diretoria editorial
Lidiane Vivaldini Olo

Gerência editorial
Luiz Tonolli

Editoria de Anos Iniciais
Tatiany Telles Renó

Edição
Miriam Mayumi Nakamura e
Duda Albuquerque / DB Produções Editoriais (colaborador)

Gerência de produção editorial
Ricardo de Gan Braga

Arte
Andréa Dellamagna (coord. de criação),
Gláucia Correa Koller (progr. visual de capa e miolo),
Leandro Hiroshi Kanno (coord. de arte),
Fábio Cavalcante (editor de arte) e
JS Design Comunicação Visual (diagram.)

Revisão
Hélia de Jesus Gonsaga (ger.),
Rosângela Muricy (coord.),
Gabriela Macedo de Andrade,
Paula Teixeira de Jesus, Vanessa de Paula Santos,
Brenda Morais e Gabriela Miragaia (estagiárias)

Iconografia
Sílvio Kligin (superv.),
Denise Durand Kremer (coord.),
Fernanda Regina Sales Gomes (pesquisa),
Cesar Wolf e Fernanda Crevin (tratamento de imagem)

Ilustrações
ArtefatoZ (capa) e Ilustra Cartoon (aberturas de unidade e miolo)

Os textos sem referência são de autoria de Maria Teresa Marsico, Maria Elisabete Martins Antunes e Armando Coelho.

Direitos desta edição cedidos à Editora Scipione S.A.
Av. das Nações Unidas, 7221, 1º andar, Setor D
Pinheiros – São Paulo – SP – CEP 05425-902
Tel.: 4003-3061
www.scipione.com.br / atendimento@scipione.com.br

Dados Internacionais de Catalogação na Publicação (CIP)
(Câmara Brasileira do Livro, SP, Brasil)

Marsico, Maria Teresa
  Marcha criança : gramática / Maria Teresa
Marsico, Armando Coelho de Carvalho Neto, Maria
Elisabete Martins Antunes. – 2. ed. – São Paulo :
Scipione, 2016.

  Obra em 5 v. para alunos do 1º ao 5º ano.
Bibliografia.

  1. Português - Gramática (Ensino fundamental)
I. Carvalho Neto, Armando Coelho de. II. Antunes,
Maria Elisabete Martins. III. Título.

16-01779   CDD–372.61

Índices para catálogo sistemático:
1. Gramática : Português : Ensino fundamental 372.61
2. Português : Gramática : Ensino fundamental 372.61

2017

ISBN 978 85 262 9865 1 (AL)
ISBN 978 85 262 9866 8 (PR)

Cód. da obra CL 738839

CAE 565 625 (AL) / 565 626 (PR)

2ª edição
5ª impressão

Impressão e acabamento
Vox Gráfica

Apresentação

Caro aluno, cara aluna,

Pensando em ajudá-los a se tornar leitores e escritores competentes, apresentamos agora a coleção **Marcha Criança Gramática**, totalmente reformulada.

Nela vocês encontram atividades que devem prepará-los para dominar uma das maiores realizações humanas: o ato de escrever!

Descobrindo alguns segredos da língua portuguesa, como a combinação de sinais, letras, palavras, ideias, vocês vão dar forma a textos e sentir cada vez mais o prazer de ler e escrever. Também vão se divertir com o Caderno de Jogos!

Esperamos que gostem da coleção e com ela aprendam muito!

Bons estudos!

Os autores.

ArtefatoZ/Arquivo da editora

Conheça seu livro

Veja a seguir como o seu livro está organizado.

Unidade

Seu livro está organizado em quatro Unidades, com aberturas em páginas duplas. **Em O que vou estudar?** você encontra os tópicos do que vai aprender na respectiva Unidade.

Capítulo

Cada Unidade subdivide-se em capítulos. As aberturas dos capítulos trazem textos e imagens que introduzem o assunto que será trabalhado. Algumas definições de conteúdo são destacadas em boxes.

Ortografia

Nesta seção, você vai conhecer regras ortográficas e realizar várias atividades para fixar seu aprendizado.

Fique por dentro!

O boxe **Fique por dentro!** traz dicas e lembretes que vão facilitar seus estudos.

Atividades

Nesta seção, você vai aplicar e retomar as principais ideias do que aprendeu na abertura do capítulo.
Algumas atividades são acompanhadas de ícones, que indicam quando elas devem ser feitas oralmente, no caderno ou em grupo.

Ideias em ação

Esta seção aparece ao final de cada Unidade, em página dupla. Com base em uma imagem, são retomados alguns conteúdos estudados no decorrer da Unidade.

No dia a dia

Nesta seção, você vai estudar a gramática em situações de uso e compreender que ela está presente em nosso dia a dia.

De olho no dicionário

Aqui, você vai aprender a usar o dicionário, uma importante ferramenta de consulta.

Sugestões de leitura

No final do livro, você vai encontrar indicações de leitura para complementar seus estudos.

Quando você encontrar estes ícones, fique atento!

 atividade em grupo

 atividade no caderno

 atividade oral

Material de apoio

Com o **Caderno de Jogos**, você vai estudar a gramática de um jeito muito divertido!

Sumário

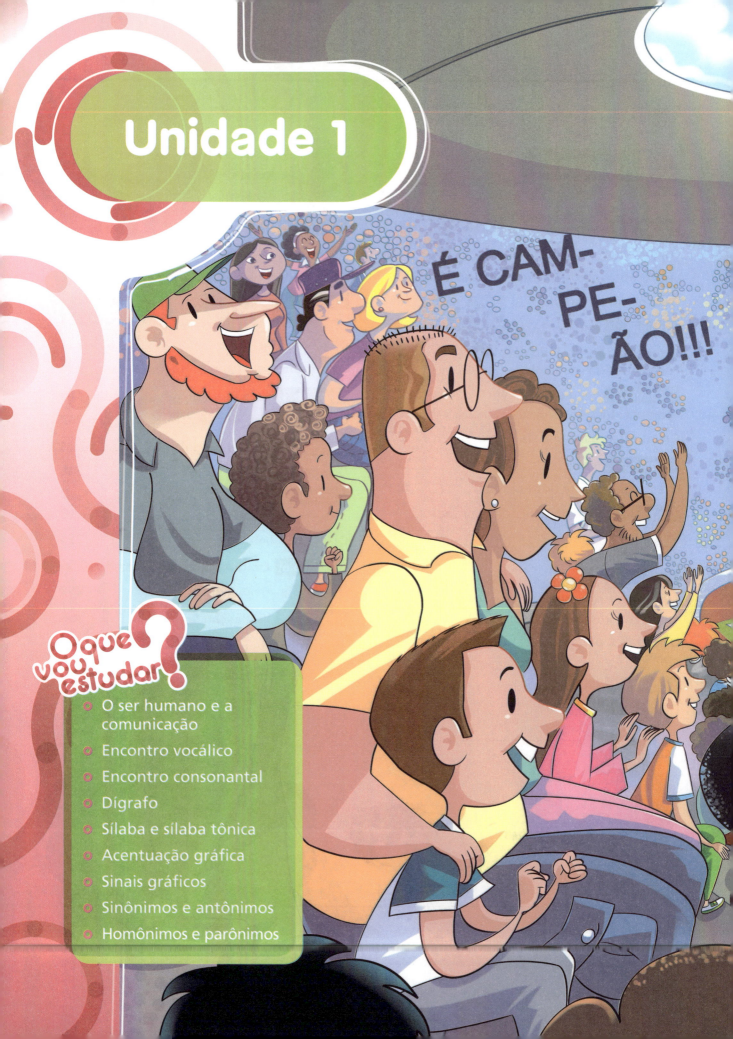

Unidade 1

É CAM-PE-ÃO!!!

O que vou estudar?

O ser humano e a comunicação

Leia a história em quadrinhos a seguir.

O Menino Maluquinho © Ziraldo 2006/Acervo do cartunista

Curta o Menino Maluquinho 3, de Ziraldo. São Paulo: Globo, 2012. p. 62.

○ Mesmo sem haver palavras, você conseguiu entender a história? Conte-a ao colega do lado com suas palavras.

Na história em quadrinhos que você acabou de ler foi usada a linguagem **não verbal**, ou seja, a comunicação se deu por meio de imagens, e não de palavras.

Observe estas imagens.

Podemos nos comunicar de diversas formas: por meio da fala, da escrita, de imagens, de cores, de gestos, de expressões faciais e corporais, de sons, etc. Cada forma tem seu modo próprio de expressão, isto é, sua **linguagem** específica, que pode ser **verbal** ou **não verbal**. A linguagem verbal utiliza palavras, e pode se dar por meio da fala e da escrita. A linguagem não verbal utiliza imagens, sons, gestos, sinais, etc.

Atividades

1. Pinte os quadrinhos de acordo com o tipo de linguagem utilizada em cada situação.

 Comunicação por palavras

 Comunicação por imagens

 Comunicação por imagens e palavras

2. Os símbolos e as placas de sinalização também são uma forma de comunicação. Escreva o significado das imagens a seguir.

3 Observe as imagens das capas dos livros a seguir.

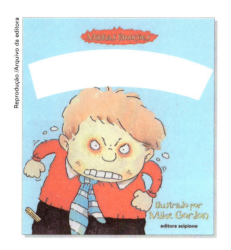  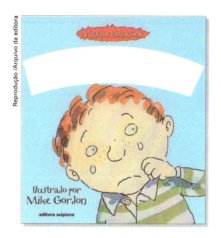

- De acordo com as expressões das crianças, o que você acha que elas estão sentindo? Escreva os títulos a seguir abaixo de suas respectivas capas.

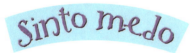  

4 Atualmente, os *emoticons* são muito utilizados na internet, em *e-mails* e em mensagens instantâneas ou publicadas em redes sociais. Eles expressam emoções e sentimentos. Veja:

- Os *emoticons* também podem ser criados utilizando-se sinais de pontuação, letras, etc. Escreva abaixo o que cada *emoticon* representa.

a) :-) ....

b) >:(....

c) :-(....

d) :-D ....

e) :-@ ....

f) :O ....

Unidade 1

13

No dia a dia

Existem muitas formas de se estabelecer comunicação pessoal com quem não está perto. Veja alguns exemplos.

VGstockstudio/Shutterstock/Glow Images

Eric Hood/Getty Images

India Picture/Shutterstock/Glow Images

Settawat Udom/Shutterstock/Glow Images

Existem também os meios de comunicação social, que têm como receptores milhares de pessoas.

Shigemi Sato/Getty Images/Agência France-Presse

Martin Dimitrov/iStock.com/Getty Images

bikeriderlondon/Shutterstock/Glow Images

Andrey_Popov/Shutterstock/Glow Images

Ni QIN/iStock.com/Glow Images

Anatolii Babii/iStock.com/Getty Images

○ No dia a dia, como você se comunica com as pessoas? E na sua casa? Como as pessoas costumam se comunicar? Faça uma pesquisa com as pessoas de sua família e registre os resultados nas linhas abaixo. Depois compare com as pesquisas dos colegas e responda: qual é a forma de comunicação pessoal mais utilizada pelos colegas? E pela família deles? Em geral, qual foi a forma de comunicação social mais citada?

Ortografia

S, Z, X

1 As letras **s**, **z** e **x** podem representar o mesmo som. Leia o texto a seguir e complete corretamente as palavras destacadas com uma dessas letras.

O primeiro homem que tentou **de_____enhar** ou escrever não fez como nós, que **u_____amos** para isso o lápis e o papel, porque naquele tempo não **e_____istia** nem lápis, nem papel.

Ele deve ter usado os próprios dedos para **fa_____er** marcas e riscos na areia, na terra ou no barro.

Mais tarde, deve ter percebido que podia fazer a mesma coisa com pedacinhos de pau, com pedaços de ossos ou lascas de pedra.

Com o **u_____o** do fogo, o homem descobriu o carvão e os ossos **carbo-ni_____ados**, que foram os primeiros lápis da história.

O livro do lápis, de Ruth Rocha e Otávio Roth. São Paulo: Melhoramentos, 1999.

Um único som pode ser representado por letras diferentes. O som **zê** pode ser representado pelas letras **s**, **z** e **x**.

Escreva na coluna adequada as palavras que você completou.

s com som zê	z com som zê	x com som zê

2 Complete as palavras das frases com **x** ou **z**.

a) A cor a........ul é a preferida de Bia.

b) Esse a........ulejo é muito bonito.

c) Eu tenho muita a........ia quando como a........eitona.

d) E........iste algum e........ercício de Matemática no seu livro para eu treinar divisão?

3 Circule as palavras em que **s** e **x** têm som de **zê**.

exemplo	axila	pesquisa	exuberante
cansado	isopor	experiência	casual
colisão	sapato	táxi	enxada
exagerado	texto	decisão	desocupado

4 Escreva, na coluna correspondente, as palavras que o professor vai ditar.

x representando o som sê	s representando o som sê

5 Complete as palavras com **s** ou **z**. **Dica**: Use **s** nas palavras que indicam país de origem e nas palavras que estão no plural.

rapa........	rapide........	infeli........	pa........
francê........	caixa........	japonê........	holandê........
timide........	inglê........	arro........	arte........

Capítulo 2

Encontros vocálicos, vogais e semivogais

Observe o nome dos meses do ano neste calendário.

JANEIRO	2017
SEG TER QUA QUI SEX SÁB DOM	
1	
2 3 4 5 6 7 8	
9 10 11 12 13 14 15	
16 17 18 19 20 21 22	
23 24 25 26 27 28 29	
30 31	

FEVEREIRO	2017
SEG TER QUA QUI SEX SÁB DOM	
1 2 3 4 5	
6 7 8 9 10 11 12	
13 14 15 16 17 18 19	
20 21 22 23 24 25 26	
27 28	

MARÇO	2017
SEG TER QUA QUI SEX SÁB DOM	
1 2 3 4 5	
6 7 8 9 10 11 12	
13 14 15 16 17 18 19	
20 21 22 23 24 25 26	
27 28 29 30 31	

ABRIL	2017
SEG TER QUA QUI SEX SÁB DOM	
1 2	
3 4 5 6 7 8 9	
10 11 12 13 14 15 16	
17 18 19 20 21 22 23	
24 25 26 27 28 29 30	

MAIO	2017
SEG TER QUA QUI SEX SÁB DOM	
1 2 3 4 5 6 7	
8 9 10 11 12 13 14	
15 16 17 18 19 20 21	
22 23 24 25 26 27 28	
29 30 31	

JUNHO	2017
SEG TER QUA QUI SEX SÁB DOM	
1 2 3 4	
5 6 7 8 9 10 11	
12 13 14 15 16 17 18	
19 20 21 22 23 24 25	
26 27 28 29 30	

JULHO	2017
SEG TER QUA QUI SEX SÁB DOM	
1 2	
3 4 5 6 7 8 9	
10 11 12 13 14 15 16	
17 18 19 20 21 22 23	
24 25 26 27 28 29 30	
31	

AGOSTO	2017
SEG TER QUA QUI SEX SÁB DOM	
1 2 3 4 5 6	
7 8 9 10 11 12 13	
14 15 16 17 18 19 20	
21 22 23 24 25 26 27	
28 29 30 31	

SETEMBRO	2017
SEG TER QUA QUI SEX SÁB DOM	
1 2 3	
4 5 6 7 8 9 10	
11 12 13 14 15 16 17	
18 19 20 21 22 23 24	
25 26 27 28 29 30	

OUTUBRO	2017
SEG TER QUA QUI SEX SÁB DOM	
1	
2 3 4 5 6 7 8	
9 10 11 12 13 14 15	
16 17 18 19 20 21 22	
23 24 25 26 27 28 29	
30 31	

NOVEMBRO	2017
SEG TER QUA QUI SEX SÁB DOM	
1 2 3 4 5	
6 7 8 9 10 11 12	
13 14 15 16 17 18 19	
20 21 22 23 24 25 26	
27 28 29 30	

DEZEMBRO	2017
SEG TER QUA QUI SEX SÁB DOM	
1 2 3	
4 5 6 7 8 9 10	
11 12 13 14 15 16 17	
18 19 20 21 22 23 24	
25 26 27 28 29 30 31	

Veja que no nome de alguns meses há agrupamento de sons vocálicos:

> jan**ei**ro   fever**ei**ro   m**aio**   **ou**tubro

Dependendo da forma como as vogais são pronunciadas, elas podem ser **orais** ou **nasais**. A vogal é **oral** quando seu som sai totalmente pela boca. Exemplos:

> **c**asa, f**é**ria**s**, h**oje**, **uru**b**u**

A vogal é **nasal** quando seu som sai parte pela boca e parte pelo nariz. Exemplos:

> **i**nvenção, **m**undo, balões, **c**ampo, **t**empo

Fique por dentro!

A nasalização das vogais é representada na escrita pelo **til** (~) sobre as vogais ou pelas letras **m** e **n** depois delas.

Os sons vocálicos podem ser pronunciados com mais ou menos força. Leia, em voz alta, os nomes dos países abaixo, separados em sílabas.

Su-í-ça

som forte | som forte

O som das letras **u** e **i** é forte.

u •→ vogal

i •→ vogal

E-q**ua**-dor

som fraco | som forte

O som da letra **u** é fraco, mas o som da letra **a** é forte.

u •→ semivogal

a •→ vogal

Pa-ra-g**uai**

som fraco | som forte | som fraco

O som da letra **a** é forte, mas o som das letras **u** e **i** é fraco.

u •→ semivogal

a •→ vogal

i •→ semivogal

 A semivogal sempre acompanha uma vogal.

Os sons vocálicos pronunciados com mais intensidade são chamados de **vogais**.

Os sons vocálicos pronunciados com menos intensidade são chamados de **semivogais**.

Veja outros exemplos.

ja-n**ei**-ro

vogal | semivogal

ou-tu-bro

vogal | semivogal

Quando há um agrupamento de dois ou mais sons vocálicos em uma palavra, há um **encontro vocálico**.

Os encontros vocálicos podem ser de três tipos: **hiato**, **ditongo** e **tritongo**.

Hiato

É o encontro de duas vogais em sílabas diferentes. Veja:

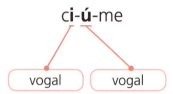

Ditongo

É o encontro, na mesma sílaba, de uma vogal e uma semivogal ou de uma semivogal e uma vogal. Veja:

Tritongo

É o encontro, na mesma sílaba, de uma semivogal, uma vogal e outra semivogal. Veja:

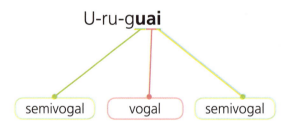

Em uma mesma palavra pode haver mais de um encontro vocálico. Veja:

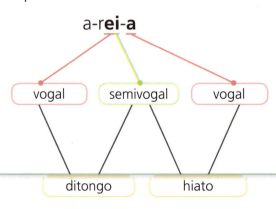

Atividades

1 Cante a cantiga com os colegas.

Cai, cai, balão
Cai, cai, balão
Aqui na minha mão.
Não cai, não
Não cai, não
Não cai, não
Cai na rua do sabão.

Cantiga popular.

a) Copie as palavras da cantiga que rimam.

....

○ O que torna nasal a vogal dessas palavras?

....

b) As palavras **cai** e **rua** apresentam:

○ vogais orais.   ○ vogais nasais.

2 Leia este trava-língua popular.

O rato roeu a roupa do rei de Roma.
A rainha, com raiva, roeu o resto.

a) Na palavra **rato** há:

○ vogal, consoante, vogal, consoante.

○ consoante, vogal, consoante, vogal.

b) Apresentam encontro vocálico as palavras ...., ...,

............................., ... e ....

3 Separe as sílabas das palavras. Depois, copie os encontros vocálicos, indique as vogais e semivogais de cada um deles e classifique-os em hiato, ditongo ou tritongo.

a) desiguais

Separação	Encontro vocálico	Vogais e semivogais	Classificação

b) saída

Separação	Encontro vocálico	Vogais e semivogais	Classificação

c) cenoura

Separação	Encontro vocálico	Vogais e semivogais	Classificação

4 Circule a palavra "intrusa" de cada quadro.

enxaguou	tesoura	meu
iguais	pai	viajar
pedreiro	caixa	luar
Uruguai	raiz	piada

○ Explique por que as palavras que você circulou são "intrusas".

_____

_____

_____

5 Leia o poema.

Cantiga do peixe

Há peixe pequenininho,
há peixe que é grandão,
há peixe que é sardinha,
há peixe que é tubarão.

Peixe nada todo dia,
faça chuva, faça sol.
Não tem medo de dentista,
mas tem medo de anzol.

Faça chuva, faça sol,
faça frio, faça calor,
peixe nada todo nu,
não precisa de maiô.

Locomotiva de asas, de Nelson Albissú. São Paulo: Paulinas, 2006.

a) Copie do poema:

o as palavras com **um** encontro vocálico.

....

o a palavra com **dois** encontros vocálicos.

....

b) Separe as sílabas da palavra com dois encontros vocálicos e classifique-os em ditongo, tritongo ou hiato.

....

6 Responda às adivinhas. **Dica**: Todas as palavras têm dois encontros vocálicos.

a) Peça de vestuário que cobre o pé. ....

b) O quinto mês do ano. ....

c) Meio de transporte aéreo. ....

Ortografia

e, ei; o, ou

1 Recite a parlenda com os colegas e preste atenção ao som dos ditongos destacados.

Hoje é domingo
Pede cachimbo
O cachimbo é de barro
Bate no jarro
O jarro é **ou**ro
Bate no **tou**ro
O **tou**ro é valente
Machuca a gente
A gente é fraco
Cai no buraco
O buraco é fundo
Acab**ou**-se o mundo

Parlenda popular.

Na fala, é comum deixarmos de pronunciar a semivogal **u** no ditongo **ou**. Na escrita, isso não deve acontecer.

○ Complete de acordo com a parlenda.

O jarro é de _____ e bate no _____, que é valente.

O buraco é fundo e, por isso, _____ o mundo.

2 Observe as imagens e complete as frases com as palavras abaixo.

> coro   couro

Boumen Japet/Shutterstock

SpeedKingz/Shutterstock

Esta bolsa é feita de ....   O .... foi muito elogiado.

3 Complete as palavras do quadro com **e** ou **ei**. Depois, use-as para completar as frases a seguir.

> pass............ar   brigad............ro   p............xe
>
> b............jinho   band............ja   dinh............ro

a) As crianças conheceram diversas espécies de ....

b) Vamos .... à tarde?

c) Com o .... que economizei, poderei viajar.

d) Você gosta de .... ou prefere ....?

e) Havia muitos copos na ....

> Assim como ocorre com o ditongo **ou**, é comum deixarmos de pronunciar a semivogal **i** no ditongo **ei**. Na escrita, no entanto, isso não deve acontecer.

Encontro consonantal e dígrafo

Leia um trecho desta letra de canção.

Ciranda dos bichos

[...]

A dança da cascavel, quero ver quem sabe dançar.
A dança da cascavel, quero ver quem sabe dançar.
Rebola pra lá, rebola ondulado
E estica o pescoço assim
E sobe no galho, balança o chocalho
Depois dá a mão pra mim.

A dança do caranguejo, quero ver quem sabe dançar.
A dança do caranguejo, quero ver quem sabe dançar.
Rebola pra lá, rebola pra cá
Belisca o meu pé assim
E mexe o olho e anda de lado
Depois dá a mão pra mim.

A dança do peixe-boi, quero ver quem sabe dançar.
A dança do peixe-boi, quero ver quem sabe dançar.
Rebola pra lá, rebola pra cá
E abre a boquinha assim
Me dá um beijinho e nada um pouquinho
Depois dá a mão pra mim.

[...]

Ciranda dos bichos, de Sandra Peres e Zé Tatit.
Em: **Pauleco e Sandreca** (DVD), de Palavra Cantada.
MCD, 2013.

1 Na letra da canção há palavras com encontro consonantal. Vamos copiá-las?

....

....

....

> **Encontro consonantal** é a junção, na mesma palavra, de duas ou mais consoantes.

2 Também podemos encontrar dígrafos na letra da canção. Copie-os.

....

....

....

....

....

> **Dígrafo** é a junção, na mesma palavra, de duas letras que representam um único som.

São dígrafos:

na mesma sílaba	em sílabas separadas
ch: bi-**ch**os **lh:** o-**lh**o **nh:** bei-ji-**nh**o **qu:** **qu**e-ro **gu:** ca-ran-**gu**e-jo	**ss:** a**s**-**s**im **rr:** ar-**r**oz **sc:** cre**s**-**c**i-men-to **sç:** de**s**-**ç**o **xc:** e**x**-**c**e-to

Leia estas palavras:

guepardo

queijo

guitarra

es**qu**ilo

Observe que a letra **u** nessas palavras não é pronunciada. Os grupos **gu** e **qu** representam apenas um som (não se ouve o som do **u**), formando, assim, um **dígrafo**.

Quando a letra **u** é pronunciada, como nas palavras e**qu**estre e ling**ui**ça, não ocorre dígrafo. Nesse caso, a letra **u** forma um encontro vocálico (ditongo) com a vogal que a segue.

Fique por dentro!

Também são dígrafos os grupos de letras **am**, **em**, **im**, **om**, **um** e **an**, **en**, **in**, **on**, **un**, que servem para representar as vogais nasais. Por exemplo, d**an**ça e **on**dulado.

Não são dígrafos os grupos **sc** e **xc** nas palavras em que cada uma dessas letras representa um som. Por exemplo, ca**sc**avel e e**xc**ursão.

Atividades

1 Numere as alternativas conforme os códigos abaixo.

1 dígrafo   **2** encontro consonantal   **3** encontro vocálico

( ) oceano, pai, televisão

( ) passarinho, cigarra, querido

( ) gravidade, planalto, floricultura

2 Identifique, em cada palavra, um dígrafo ou um encontro consonantal. Faça como no exemplo.

a) sorriso: *rr - dígrafo: 2 consoantes, 1 som*

b) prato: _____

c) chuva: _____

d) mangueira: _____

_____

e) palavra: _____

_____

f) assim: _____

_____

3 Circule as palavras em que os grupos de letras **qu**, **gu**, **sc** e **xc** não formam dígrafo.

escada	leque	piscina	exceção
cinquenta	excluir	guirlanda	quilo
excelente	mascote	crescer	aguentar

4 Leia o poema.

Um mico num galho de ipê

Brasil

Sou um macaco serelepe
Um mico bem **espoleta**
Tenho juba de **leão**
Tenho cauda de cometa
Quem **quiser** me **conhecer**
Vai aqui a **descrição**:
Sou escuro e **irrequieto**
Bem menor que um esquilo
Como **fruta,** como inseto
E peso quase **meio** quilo
Sou o mico-leão-da-cara-preta

E nunca tive medo de careta
Só me **assusto** com o **machado**
E também com a **motosserra**
Pois quando avistam as matas
Já vão declarando **guerra**
Mas enquanto houver um rio
E um pedaço de floresta
Estarei de **galho** em galho
Pra fazer a minha **festa**.

A volta ao mundo em 80 bichos, de José Santos. São Paulo: Lazuli/Companhia Editora Nacional, 2008.

o Escreva as palavras destacadas no texto nas colunas adequadas.

Palavras com			
hiato e ditongo	encontro consonantal	dois dígrafos	dígrafo

encontro consonantal e ditongo	dígrafo e encontro consonantal	dígrafo e hiato

5 Faça a separação das sílabas das palavras a seguir. **Dica**: Em todas as palavras há dígrafo.

chocalho: ....

cachorro: ....

assombração: ....

piscina: ....

caranguejo: ....

quitanda: ....

excelente: ....

cresça: ....

6 Agora separe as sílabas das palavras abaixo. **Dica**: Em todas as palavras há encontro consonantal.

torta: ....

escova: ....

estrela: ....

aplauso: ....

árvore: ....

abraço: ....

7 Forme palavras substituindo os números por letras e escreva-as no quadro.

1	2	3	4	5	6	7	8	9	10	11	12	13	14	15	16
p	r	a	h	o	u	e	b	l	q	c	j	n	t	s	i

Encontro consonantal ou ditongo	Dígrafo ou hiato
1, 9, 3, 13, 7, 14, 3:	11, 3, 2, 2, 5: ....
14, 2, 7, 16, 13, 5:	10, 6, 7, 16, 12, 5: ....
11, 5, 8, 2, 7:	1, 3, 15, 15, 3, 2, 5: ....
1, 7, 2, 14, 5:	1, 5, 13, 14, 7: ....
3, 14, 9, 3, 15:	12, 6, 9, 4, 5: ....

Ortografia

Consoante não acompanhada de vogal

Leia a frase abaixo em voz alta e observe o encontro consonantal na palavra destacada.

Marcos André/Opção Brasil Imagens

Os alunos dançaram no **ritmo** da música.

Veja como é a separação silábica da palavra

ritmo: ri**t-m**o

O encontro consonantal da palavra **ritmo** é separável: cada consoante fica numa sílaba.

Dizemos que a consoante **t** não tem o apoio de vogal depois dela para formar sílaba.

Observe a divisão silábica destas outras palavras:

yasinguneysu/iStock.com/Getty Images

Valentyna Chukhlyebova/
Shutterstock/Glow Images

pneu   pterossauro

pneu   pte-ros-sau-ro

O encontro consonantal dessas palavras não se separa, pois as consoantes estão no início da palavra.

1 Separe as sílabas das palavras.

gnomo: ....   recepção: ....

pseudônimo: ....   técnico: ....

dignidade: ....   psiquiatra: ....

pneumático: ....   submarino: ....

2 Complete com **d** ou **di**. Se tiver dúvidas, consulte um dicionário.

a..........jetivo   a..........miração   a..........antar

a..........ção   a..........vogado   a..........vinha

a..........mitir   a..........ministrar   a..........missão

3 Complete as palavras com as consoantes do quadro. Depois, copie-as.

p	s	ç	g	t	c

infe..........ção ⟶ ....

ecli..........se ⟶ ....

..........sicólogo ⟶ ....

ob..........táculo ⟶ ....

si..........nificado ⟶ ....

helicóp..........ero ⟶ ....

i..........norância ⟶ ....

op..........ão ⟶ ....

4 Organize as letras e forme palavras que têm consoante sem apoio de vogal.

o	t	e	b	j	o

s	b	u	o	s	l	o

d	i	d	e	g	n	a	d	i

Capítulo 4

Sílaba: separação e classificação

Leia o texto abaixo.

Palavras que ficam velhas e são aposentadas

Com o passar do tempo, muitas palavras ou expressões vão deixando de ser empregadas pela maioria das pessoas e praticamente desaparecem. Essas palavras são chamadas de **arcaísmo**. Quando ouvimos pessoas bem mais velhas ou quando lemos essas palavras num texto, podemos ter necessidade de consultar um dicionário para saber o que elas significam. Às vezes, até achamos graça, mas é normal... Quando você for adulto, provavelmente usará palavras que as crianças não vão conhecer – e elas também vão achar engraçado!

É **sopa** fazer esse trabalho.   **sopa** = muito fácil

Você gostaria de conhecer mais arcaísmos? Então, converse com pessoas mais velhas e pergunte quais palavras elas usavam quando eram crianças e que hoje não são mais usadas. [...]

Navegando pela língua portuguesa, de Douglas Tufano. São Paulo: Moderna, 2010.

Observe no texto que você leu que algumas palavras iniciam numa linha e terminam em outra. Para entender como se faz isso, é importante conhecer as regras da divisão silábica.

Pronuncie a palavra **arcaísmo** em voz alta, pausadamente, e perceba que ela é formada por quatro grupos de som. Cada grupo constitui uma **sílaba**.

De acordo com o número de sílabas, as palavras são classificadas em:

monossílaba ⟶ 1 sílaba

Exemplos: mas, são, vai.

AR-CA-ÍS-MO

Konstantin Chagin/Shutterstock/Glow Images

dissílaba ⟶ 2 sílabas

Exemplos: tem-po, gra-ça, ho-je.

trissílaba ⟶ 3 sílabas

Exemplos: cri-an-ças, a-dul-to, pa-la-vras.

polissílaba ⟶ 4 sílabas ou mais

Exemplos: di-cio-ná-rio, en-gra-ça-do, a-po-sen-ta-das.

Veja algumas regras de separação silábica:

Separam-se:

as vogais dos hiatos: s**a**-**ú**-de, pa-r**a**-**í**-so;

as consoantes dos dígrafos **rr**, **ss**, **xc**, **sc**, **sç**: ca**r**-**r**o, pa**s**-**s**a-gem, e**x**-**c**e-len-te, a-do-le**s**-**c**en-te, cre**s**-**ç**o.

Não se separam:

as vogais e semivogais dos ditongos e tritongos: **ou**-tro, i-g**uai**s;

as consoantes dos dígrafos **nh**, **lh**, **ch**, **gu** e **qu**: li-**nh**a, fo-**lh**a, **ch**a-ve, **gu**ir-lan-da, **qu**e-ri-do;

as consoantes dos encontros consonantais em que a segunda letra é **r** ou **l**: en-con-**tr**o, te-**cl**a-do.

Unidade 1

Atividades

1 Leia o poema.

Pescaria

Um homem
que se preocupava demais
com coisas sem importância
acabou ficando com a cabeça cheia de minhocas.
Um amigo lhe deu então a ideia
de usar as minhocas
numa pescaria
para se distrair das preocupações.
O homem se distraiu tanto
pescando
que sua cabeça ficou leve
como um balão
e foi subindo pelo ar
até sumir nas nuvens.
Onde será que foi parar?
Não sei
nem quero me preocupar com isso.
Vou mais é pescar.

Pescaria, de José Paulo Paes. Em: **Poesias**, de José Paulo Paes e outros. São Paulo: Ática, 2013. (Para gostar de ler 6).

a) Em qual destas palavras a letra **i** é uma semivogal?

○ distrair   ○ pescaria   ○ coisas

○ Agora separe as sílabas dessas palavras.

....

....

....

b) Copie do poema:

- três palavras monossílabas: ....

- três palavras dissílabas: ....

- três palavras trissílabas: ....

- três palavras polissílabas: ....

2 Faça a divisão silábica das palavras abaixo, retiradas do poema **Pescaria**. Circule os encontros vocálicos e classifique-os em ditongo ou hiato.

- importância: ....

- cheia: ....

- então: ....

- ideia: ....

- preocupações: ....

- acabou: ....

3 Circule no diagrama quatro palavras. Copie-as no quadro conforme o número de sílabas.

A	Q	N	L	Z	C	F	R	T	G	U	O	A	K
L	V	D	N	A	R	R	E	P	I	A	R	E	H
U	O	R	M	Y	B	T	K	U	F	R	C	X	J
A	Y	U	E	I	T	O	P	L	K	J	É	H	I
Q	S	C	A	I	X	I	N	H	A	F	U	V	G

Monossílaba	Dissílaba	Trissílaba	Polissílaba

4 Leia esta tirinha.

Calvin & Hobbes, Bill Watterson © 1987 Watterson/ Dist. by Universal Uclick

EU QUERO 8 BISCOI-TOS PARA VIAGEM, POR FAVOR.

ISSO NÃO É UM DRIVE-THRU! PO-NHA ISSO DE VOL-TA NA GARAGEM!

Calvin e Haroldo: Yukon Ho!, de Bill Watterson. São Paulo: Conrad, 2010.

Observe como algumas palavras foram separadas nos balões de fala.

a) Essas palavras foram separadas de acordo com as regras que você apren-deu? Explique.

....

....

....

b) De que outra forma a palavra **biscoitos** poderia ter sido separada no final da linha?

....

5 Leia o diálogo e observe as palavras destacadas.

a) Separe as sílabas das palavras destacadas.

....

....

QUAIS SÃO SEUS SABORES DE SORVETE PREFERIDOS?

CHOCOLATE E AÇAÍ!

Syda Productions/Shutterstock/Glow Images

b) A palavra **quais** pode ser separada? Por quê?

....

....

c) Qual dessas palavras é:

trissílaba com hiato? ....

polissílaba com dígrafo? ....

6 Leia as adivinhas a seguir e responda com as palavras do quadro, separando-as em sílabas.

> branco   brinquedo   transportadora   abacaxi   amor

a) Tem duas sílabas. Na primeira sílaba há só uma letra. ....

b) Tem duas sílabas. Na primeira há quatro letras. ....

c) Tem quatro sílabas. Na primeira há só uma letra e nas outras sílabas, duas letras.

....

d) Tem cinco sílabas. Na primeira sílaba há cinco letras.

....

e) Tem três sílabas. Na segunda sílaba há um dígrafo.

....

7 Qual é a palavra "intrusa" em cada grupo? Escreva-a e depois complete as frases.

MÊS   CÉU

LUA   MIL

TRÊS

GUARDANAPO

DESCOBRIR

ESCAPAMENTO

BRINCADEIRA

INSEGURANÇA

AÇAÍ   CIGARRA

REFEIÇÃO

QUATRO

FRESCOBOL

....

- No primeiro grupo a palavra .... é ....
  e as outras palavras são monossílabas.

- No segundo grupo a palavra .... é trissílaba e as
  outras palavras são ....

- No terceiro grupo a palavra .... é ....
  e as outras palavras são trissílabas.

Conhecer as regras de divisão silábica é muito importante no momento em que você precisar separar as palavras no final das linhas.

Veja a seguir a página de um livro e observe como as palavras foram separadas no final das linhas:

Marcelo Duarte/Acervo do autor

GEOGRAFIA

Em que estado fica a cidade de Passa e Fica? Você conhece a cidade de Vai-Volta? Por que quem nasce em Santa Catarina é chamado também de barriga-verde? Qual é a cidade que ficou conhecida como a Capital da Lingerie? Que ilha brasileira ganhou o apelido de Esmeralda do Atlântico? Viaje com a gente para descobrir essas respostas.

O guia dos curiosos – Brasil, de Marcelo Duarte. São Paulo: Cia. das Letras, 2001.

Agora copie no espaço abaixo o texto da página reproduzida, fazendo a separação silábica das palavras no final da linha, quando necessário.

○ Quais palavras você separou no final das linhas? Escreva-as e faça a divisão silábica delas.

Ortografia

Sons do x

Leia o texto a seguir e observe que a letra **x** representa sons diferentes.

Sofie Delauw/Corbis/Latinstock

De que é feito o chiclete?

O principal ingrediente é uma mistura de vários tipos de borracha feita a partir de petróleo e chamada de goma base. É essa goma que deixa o chiclete flexível o suficiente para que possamos mastigá-lo e fazer bolas. Ele tem ainda resinas e óleos vegetais, que amaciam a mistura, substâncias minerais para encorpar a massa, açúcar, xarope de glicose, corantes, aromas e ácidos que dão diferentes sabores para o doce. Alguns possuem também um recheio líquido feito com um xarope concentrado de açúcar, glicose, aromas, corantes e substâncias para dar o sabor.

Curiosidades Recreio, de Fernanda Santos (Org.). São Paulo: Abril, 2012.

1 Distribua as palavras abaixo no quadro, de acordo com o som da letra **x**.

tórax	exame	mexer	auxílio	flexível
experiente	vexame	texto	exaltado	exigente
máximo	enxoval	auxiliar	durex	extrair

Som de **ch**	Som de **ss**	Som de **z**	Som de **cs**	Som de **s**

2 Complete as palavras a seguir com as letras que estão faltando. **Dica**: Nem todas as palavras devem ser completadas com a letra **x**.

e........ato   e........plodir   a........edo

bu........a   comple........o   ....u........u

be........iga   a........inar   má........imo

e........ótico   e........uberante   e........tintor

e........pecial   refle........o   ine........quecível

3 Responda às adivinhas. **Dica**: Todas as palavras têm **x**.

a) Jogo com peões, rei, rainha, cavalos, torres e bispos.

....

Grisha Bruev/Shutterstock

b) Aparelho utilizado no táxi, indicando o valor que o passageiro deverá pagar pelo serviço.

....

Chris Hondros/iStock.com/Getty Images

c) Tem origem, ocorre ou existe fora da Terra.

....

d) Líquido usado para lavar os cabelos.

....

Vitalinka/Shutterstock/Glow Images

e) É um instrumento musical de sopro.

....

f) O mesmo que "certo" ou "correto".

....

moodboard/Corbis/Latinstock

Sílaba tônica

Leia o texto abaixo sobre o peixe-boi.

Brian J. Skerry/Getty Images

O peixe-boi é um mamífero. Sim, ele depende do leite materno para sobreviver quando filhote e recebe cuidados da mãe até os dois anos de idade. Aos poucos, a sua alimentação passa a incluir também as plantas aquáticas. Ele deixa de tomar leite e se torna herbívoro. Justamente por comer plantas e viver na água acabou sendo popularmente conhecido como peixe-boi.

Diferentemente dos peixes, porém, esse grandalhão aquático não respira por brânquias. Se, assim como eu e você, ele é um mamífero, sua respiração só pode ser pelos pulmões, certo?! É por isso que a todo momento ele coloca o nariz para fora da água, precisa respirar e tomar fôlego para voltar a mergulhar.

[...]

Ciência Hoje das Crianças. Rio de Janeiro: SBPC, ano 28, n. 269, jul. 2015.

Releia a frase abaixo e observe as sílabas destacadas.

"É por **is**so que a **to**do mo**men**to **e**le colo**ca** o na**riz pa**ra **fo**ra da **á**gua, pre**ci**sa respi**rar** e to**mar fô**lego **pa**ra vol**tar** a mergu**lhar**."

Essas sílabas são pronunciadas com mais força que as outras.

Sílaba tônica é a sílaba pronunciada com mais intensidade na palavra.

A sílaba tônica pode ocupar três posições na palavra. De acordo com sua posição, as palavras se classificam em:

- **oxítonas**: a li men ta ção / na riz

  a sílaba tônica é a última

- **paroxítonas**: ma ter no / pei xes

  a sílaba tônica é a penúltima

- **proparoxítonas**: her bí vo ro / a quá ti co

  a sílaba tônica é a antepenúltima

Fique por dentro!

A sílaba tônica pode ou não ser acentuada graficamente. O acento tônico indica maior intensidade na pronúncia da sílaba em que ele está.

Agora, observe.

"**Sim**, ele depende **do** leite materno para sobreviver quando filhote **e** recebe cuidados **da mãe** até **os dois** anos **de** idade."

As palavras destacadas são monossílabas, pois têm apenas uma sílaba.

Os monossílabos podem ser **tônicos** ou **átonos**.

O **monossílabo tônico** é aquele pronunciado com mais força. Ele tem significado próprio, mesmo fora da frase. Por exemplo: **sim**, **mãe**, **dois**.

O **monossílabo átono** é aquele pronunciado com menos força. Na frase, ele precisa se apoiar em outra palavra e, geralmente, não tem significado próprio. Por exemplo: **do**, **e**, **da**, **os**, **de**.

Atividades

1 Leia os quadrinhos a seguir.

ROTEIRO: HENRIQUE GOMES DESENHO: ROBERTO MARTINS ARTE-FINAL: CRISTINA ANDO

© Mauricio de Sousa/Mauricio de Sousa Produções Ltda.

Turma da Mônica, de Mauricio de Sousa. São Paulo: Panini Comics/Mauricio de Sousa Editora, n. 3, jul. 2015.

a) Copie as palavras destacadas, separe-as em sílabas e pinte de amarelo a sílaba tônica.

....

....

....

b) As palavras **planetas**, **incrível** e **maravilhoso** são:

○ oxítonas.

○ paroxítonas.

○ proparoxítonas.

c) Das palavras destacadas no texto, qual é polissílaba?

....

....

d) As palavras **eu**, **mais**, **pôr** e **sol** são monossílabos:

○ tônicos.   ○ átonos.

2 Leia esta tirinha.

Calvin e Haroldo: deu "tilt" no progresso científico, de Bill Watterson. São Paulo: Conrad, 2009.

a) Copie do primeiro quadrinho as palavras monossílabas.

....

b) Copie do segundo quadrinho quatro palavras oxítonas.

....

c) Qual palavra do quarto quadrinho é proparoxítona?

....

d) Identifique e escreva as quatro palavras polissílabas paroxítonas presentes na tirinha.

....

....

3 Assinale a alternativa que indica somente palavras oxítonas. Depois, complete a informação.

○ educação, cálculo, ninguém, teleférico

○ computador, francês, leão, visual

○ doméstico, vegetal, caminho, café

○ As palavras oxítonas têm a sílaba tônica na .... sílaba.

Ortografia

x, ch

Leia o poema.

Cuxiú-de-nariz-branco

Cuxiú chegou no chalé,
Xeretou em tudo,
Mexeu na graxa,
Chutou o lixo,
Cheirou chulé,
Chacoalhou a chave,
Puxou uma caixa,
Achou chocolate,
Chupou chupeta,
Chuchou a tomada,
Levou um choque,
Teve chilique,
Chorou, xingou
E de lá chispou.

Nick Gordon/Nature Picture Library/Easypix Brasil

Bem brasileirinhos, de Lalau e Laurabeatriz. São Paulo: Cosac Naify, 2004.

Compare.

cai**x**a	**x**ereta	cu**x**iú	li**x**o	ca**x**umba
chave	**ch**eiro	**ch**ilique	**ch**oque	**ch**upeta

A consoante **x** e o dígrafo **ch** podem representar o mesmo som: o som **chê**.

1 Complete as palavras com **x** ou **ch**.

PARTICIPE DA NOSSA GINCANA: DIAS 21 E 22

A fai_____a com o _____amado para a gincana foi colocada em local _____eio de árvores.

2 Complete as palavras dos grupos com **x** ou **ch**.

Grupo 1		Grupo 2	
en____aqueca	amei____a	pe____in____a	boli____e
____ampu	be____iga	mo____ila	lan____e
fa____ina	gra____a	____uteira	____inelo
____ícara	lu____o	co____ilo	col____onete
bai____inho	pu____ar	fi____ário	____urrasco

a) Todas as palavras do grupo 1 são escritas com:

◯ x. ◯ ch.

b) Todas as palavras do grupo 2 são escritas com:

◯ x. ◯ ch.

c) O que as palavras do grupo 1 e do grupo 2 têm em comum?

....

....

3 Complete as palavras com **x** ou **ch**. **Dica**: Use **x** depois de **me-** e de **en-**.

____iclete   Mé____ico   ____eio   en____ugar

me____er   ____uvisco   espi____ar   me____erico

4 Observe o exemplo e escreva palavras da mesma família.

piche: *pichar, pichação, pichador*

faixa: ....

ficha: ....

caixa: ....

Acentuação gráfica: monossílabas e oxítonas

Leia este texto.

Ioiô

O ioiô é um dos brinquedos mais antigos que existem.

Na China, há 3 mil anos, eram feitos de marfim.

Na Grécia antiga, eram de pedra. Já foram feitos até com pedras preciosas. Dizem que nas Filipinas, no século XVI, o ioiô pesava 2 quilos e a corda tinha 6 metros. Era usado como arma.

Depois apareceu nos Estados Unidos como brinquedo e espalhou-se pelo mundo.

joppo/Shutterstock/Glow Images

Almanaque Ruth Rocha, de Ruth Rocha. São Paulo: Moderna, 2011.

Ao ler o texto, você deve ter observado que algumas palavras têm acento gráfico: ioi**ô**, **é**, h**á**, j**á**, s**é**culo, Gr**é**cia, at**é**.

O **acento agudo** (´) é usado sobre as vogais para destacar a sílaba tônica. Em **e** e **o**, indica também o som aberto.

lápis   ca**fé**   ju**í**za   **ó**culos   sa**ú**de

O **acento circunflexo** (^) é usado sobre as vogais **a**, **e**, **o** para destacar a sílaba tônica. Em **e** e **o**, indica também o som fechado.

âncora   vo**cê**   tri**cô**

Para usar corretamente os acentos gráficos, é preciso conhecer algumas regras básicas.

Veja as regras que se aplicam às palavras monossílabas e às oxítonas:

Palavras monossílabas

○ São acentuadas as palavras monossílabas tônicas terminadas em **a(s)**, **e(s)**, **o(s)**.

EXEMPLOS: M**Á**, P**Á**S; P**É**, TR**Ê**S; S**Ó**, N**Ó**S.

Hung Chung Chih/Shutterstock/Glow Images

Palavras oxítonas

○ São acentuadas as palavras oxítonas terminadas em **a(s)**, **e(s)**, **o(s)**, **em** e **ens**. Exemplos: sof**á**, atr**ás**; voc**ê**, atrav**és**; mai**ô**, ap**ós**; arma-z**ém**, parab**éns**.

○ São acentuadas as palavras oxítonas terminadas em ditongos abertos **éi(s)**, **éu(s)**, **ói(s)**.

EXEMPLOS: PAST**ÉIS**, CHAP**ÉU**, HER**ÓIS**.

glenda/Shutterstock/Glow Images

Fique por dentro!

Nas palavras acentuadas graficamente, a sílaba tônica é a que tem acento.

Unidade 1

Atividades

1 Complete as frases com as palavras dos quadros.

> secretária/secretaria

a) Fiz a matrícula na .... da escola.

A .... pediu meus documentos.

> dúvida/duvida

b) Meu irmão sempre .... do que eu digo.

Não tenho .... sobre o que vai acontecer se eu não estudar para a prova.

2 Acentue as palavras do quadro.

| picole | tenis | japones | relogio |
| nectar | reporter | fenomeno | volei |

a) Agora, distribua-as na coluna de acordo com a indicação.

Palavras com	
acento agudo	acento circunflexo

b) Leia em voz alta as palavras do quadro e complete as informações abaixo.

O acento agudo sobre as vogais .... e .... indica som ....

O acento circunflexo sobre as vogais .... e .... indica som ....

3 Leia as palavras do quadro em voz alta, acentue-as se necessário e complete as frases.

> trofeu/europeu   chapeu/meu   aneis/reis
> asteroide/super-heroi   dois/cachecois   seu/ceu

a) O time .... ganhou o .... no campeonato de futebol.

b) Esse .... azul é ....

c) Os .... dos .... são feitos de ouro.

d) O .... salvou o planeta do ....

e) Ganhei .... lindos .... para o inverno.

f) .... papagaio voou leve pelo ....

4 Encontre e circule no diagrama cinco palavras oxítonas.

P	J	F	H	U	I	A	Z	U	L	V	S	G	Q	P
H	G	I	R	A	S	S	O	I	S	K	Y	W	U	N
G	Z	E	T	I	X	E	D	T	Y	R	V	E	U	T
Z	T	A	M	B	E	M	S	Q	A	X	C	V	S	E
U	A	R	S	N	T	B	Y	M	N	I	W	I	T	O
I	E	W	H	G	F	O	G	A	R	E	U	V	D	Q
Y	V	A	B	R	Q	T	B	W	S	V	E	H	D	A

○ Agora copie as palavras que você encontrou, acentuando-as quando necessário. Em seguida, divida-as em sílabas.

.... ⟶ ....

.... ⟶ ....

.... ⟶ ....

.... ⟶ ....

.... ⟶ ....

Ortografia

o, u, l

1 Copie as frases, substituindo ✿ por **o** ou **u**.

a) É difícil eng✿lir este c✿mprimid✿.

....

b) Os alunos acertaram a tab✿ada do oit✿.

....

c) T✿ssi log✿ depois que c✿mi uma jab✿ticaba.

....

d) Os escoteir✿s usaram uma b✿ss✿la para encontrar o caminh✿.

....

Fique por dentro!

Na fala, muitas vezes pronunciamos a letra **u** no lugar da letra **o**. Na escrita isso não deve acontecer.

2 Leia as palavras do quadro e escreva-as abaixo da figura correspondente.

| comprimento | soar |
| cumprimento | suar |

3 Complete as palavras das frases com **l** ou **u**.

Ígor adora pêssego em ca____da.

A ca____da do cometa brilhou no céu.

Ana abri____ a janela.

Bia faz aniversário em abri____.

4 Complete as palavras de cada coluna com **l** ou **u**.

a. a____mentar	**1.** minga____	so____ber
b. a____batroz	**2.** a____toridade	a____mofada
c. ba____conista	**3.** anima____zinho	aço____gue
d. ca____tela	**4.** a____tomóvel	so____dado
e. a____ce	**5.** sa____gado	ta____vez
f. sa____sinha	**6.** a____torizar	berimba____
g. ma____dade	**7.** se____vagem	e____ropeu
h. pa____ma	**8.** a____ditório	si____vestre
i. ba____nilha	**9.** ba____neário	ro____quidão

○ Agora, consulte cada coluna de acordo com a legenda e veja se você acertou.

Forme uma palavra com as letras dos itens que você completou com **u**. Você acertou se conseguir formar a palavra **dia**.

Some o número dos itens que você completou com **l**. Você acertou se a soma der **24**.

Junte a letra inicial das palavras que você completou com **u**. Você acertou se formar a palavra **saber**.

Acentuação gráfica: paroxítonas e proparoxítonas

Leia os provérbios e observe os acentos gráficos nas palavras destacadas.

Gato escaldado tem medo de **água** fria.

Falar é **fácil**, fazer é que é **difícil**.

Mais vale um **pássaro** na mão do que dois voando.

Quem ri por **último** ri melhor.

Provérbios populares.

Banco de imagens/Arquivo da editora

As palavras **água**, **fácil** e **difícil** são **paroxítonas**. As palavras **pássaro** e **último** são **proparoxítonas**.

Conheça abaixo as regras para usar corretamente os acentos gráficos em palavras paroxítonas e proparoxítonas.

Palavras paroxítonas

- São acentuadas as paroxítonas terminadas em **r**, **x**, **n**, **l**, **i(s)**, **um(uns)**, **us**, **ã(s)**, **ão(s)**, **ps**. Exemplos: açúca**r**, fêni**x**, hífe**n**, dóci**l**, júr**i(s)**, álb**um**(álbu**ns**), Vên**us**, ím**ã(s)**, órg**ão(s)**, bíce**ps**.

- São acentuadas as paroxítonas terminadas em ditongo oral, seguido ou não de **s**. Exemplos: ág**ua(s)**, exercíc**io(s)**, mág**oa(s)**, ciênc**ia(s)**, pôn**ei(s)**.

Fique por dentro!

Não são acentuados os ditongos **ei** e **oi** da sílaba tônica das palavras paroxítonas. Exemplos: estr**ei**a, id**ei**a, jib**oi**a, her**oi**co.

Palavras proparoxítonas

- Todas as palavras proparoxítonas são acentuadas. Exemplos: **pás**saro, **lâm**pada, arque**ó**logo, infor**má**tica, A**tlân**tico, **cô**modo, **mú**sica.

Atividades

1 Leia este poema.

Árvores do Brasil

Ipês, de todas as cores
Jacarandás, seringueiras
Freijós e maçarandubas
Cajueiros, quaresmeiras

Pau-brasil e carnaúbas
Caviúnas, goiabeiras
Pequi, pau-santo, perobas
Muitas jabuticabeiras

Acácias, sibipirunas,
Cedros, cássias, manacás
Mulungus e sapucaias
Pinheiros-do-paraná

E além de tanta beleza
E mais o jequitibá
Nossa terra tem palmeiras
Onde canta o sabiá.

Almanaque Ruth Rocha, de Ruth Rocha. São Paulo: Salamandra, 2011.

○ Escreva qual é a regra de acentuação que seguem as palavras abaixo, retiradas do texto.

ipês: ....

jacarandás: ....

freijós: ....

acácias: ....

cássias: ....

manacás: ....

pinheiros-do-paraná: ....

além: ....

jequitibá: ....

sabiá: ....

2 Circule em cada quadro a palavra que não segue a mesma regra de acentuação das outras e complete a justificativa.

a)

| cipó | estômago | zoológico | único |

Todas as palavras do quadro são ....,
exceto ...., que é ....
Exemplos de outras palavras que poderiam fazer parte do quadro:

....

b)

| táxi | família | difícil | mágico |

Todas as palavras do quadro são ....,
exceto ...., que é ....
Exemplos de outras palavras que poderiam fazer parte do quadro:

....

c)

| herói | avô | pólen | português |

Todas as palavras são ...., exceto ....,
que é ....
Exemplos de outras palavras que poderiam fazer parte do quadro:

....

3 Leia as frases e acentue as palavras se necessário.

a) Na revista que comprei veio um album gratis.

b) Cecilia achou que os exercicios da prova estavam faceis.

c) Quando o reporter entrou no taxi, deixou cair o lapis.

4 Complete a cruzadinha com as palavras do quadro.

5 letras	6 letras	7 letras	8 letras	10 letras
ídolo	câmara cédula hábito ônibus xícara	abóbora veículo	fenômeno trânsito príncipe	quilômetro

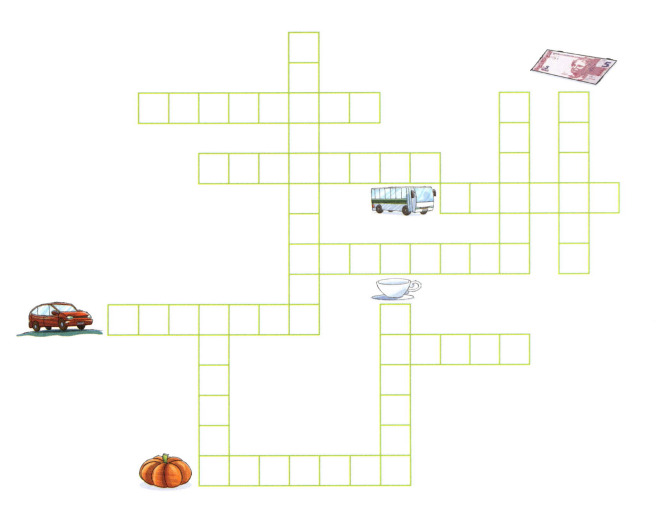

a) As palavras da cruzadinha são oxítonas, paroxítonas ou proparoxítonas?

....

b) Escreva a regra de acentuação dessas palavras.

....

....

Ortografia

SC, SÇ, XC

1 Leia a fala em voz alta, prestando atenção nas palavras destacadas.

MÃE, QUANDO O MEU IRMÃOZINHO **CRESCER**, ELE VAI PARA A **ESCOLA** COMIGO?

a) O grupo **sc** tem som de **ss** em qual das palavras abaixo?

○ e**sc**ola   ○ cre**sc**er

b) Em qual destas palavras podemos ouvir o som das letras **s** e **c** separadamente?

○ e**sc**ola   ○ cre**sc**er

2 Leia em voz alta as palavras de cada quadro e assinale o quadro em que o grupo **xc** tem som de **ss**.

exclusivo	excepcional
exclusão	excelente
excremento	exceção
excursão	excesso
exclamação	exceto

○   ○

3 Complete as palavras com **sc** ou **xc**. Se tiver dúvida, consulte um dicionário.

e............essivo   di............iplina   sei............entos

e............epcionalmente   fa............ículo   e............eções

de............ida   con............iência   pi............ina

Fique por dentro! _____

Quando os grupos **sc** e **xc** têm som de **ss**, eles formam dígrafo. Na separação silábica, fica uma letra em cada sílaba.

4 Complete as palavras das frases com **sc** ou **sç**. **Dica**: Use **sc** antes das vogais **e** e **i**; antes das vogais **a** e **o**, use **sç**.

a) Menina, de............a já daí!

b) Os meninos de............eram a rua gargalhando.

c) Tomara que as árvores flore............am logo.

d) Meus cabelos cre............em rápido.

e) Eu de............o as escadas com cuidado e atenção.

5 Procure no diagrama as palavras que completam as frases e escreva-as.

Q	W	E	X	C	E	P	C	I	O	N	A	L	V	X	B
R	E	I	O	P	L	K	E	C	D	E	S	C	I	D	A
T	Y	U	S	D	F	G	H	B	V	N	W	T	Q	S	K
A	S	C	E	N	S	O	R	I	S	T	A	Y	F	C	L
I	P	C	Z	E	X	C	E	L	E	N	T	E	S	D	S

O motorista diminuiu a velocidade na ....

O pintor tem um talento ....

O .... maneja o elevador.

Os alunos tiveram .... notas.

Sinais gráficos

Conheça alguns sinais gráficos utilizados em língua portuguesa.

Hífen (-)

Georgette Douwma/Getty Images

cavalo-marinho

Hífen (-) é o sinal usado para ligar ou separar palavras.

Usamos o hífen com diferentes finalidades. Veja:

- Para formar uma nova palavra pela união de duas ou mais palavras. Por exemplo:

  montanha-russa, copo-de-leite, bate-papo, peixe-boi

- Para separar as sílabas das palavras. Por exemplo:

  es-co-la, sa-í-da, des-per-ta-dor, at-mos-fe-ra

- Para ligar um pronome a um verbo. Por exemplo:

  Ganhei uma blusa nova. Vou usá-la amanhã.

- Para ligar **pré-**, **pós-**, **ex-**, **vice-** a outras palavras. Por exemplo:

  pré-adolescente, pós-operatório, ex-presidente, vice-campeão

- Para ligar **hiper-**, **inter-**, **super-** a palavras iniciadas por **r** ou **h**. Por exemplo:

  hiper-reativo, inter-relacionar, super-herói

Apóstrofo

queda-d'água

> **Apóstrofo** (') é o sinal que indica a retirada de uma letra da palavra.
>
> queda-d'água ➔ queda de água

Cedilha

jacaré-açu

> **Cedilha** (،) é o sinal colocado sob a letra **c** para indicar o som **sê**.

Til ~

balões

> **Til** (~) é o sinal usado sobre as vogais **a** e **o** para marcar o som nasal.

Atividades

1 Escreva o hífen nas palavras do quadro, quando necessário. Depois use as palavras para completar as frases.

pé de moleque	arco íris	segunda feira
couve flor	fim de semana	pega pega

a) Passei o _____ com meus amigos.

b) Depois da chuva, vimos um _____.

c) Jogo futebol na escola toda _____.

d) Brincamos de esconde-esconde e _____.

e) Compramos _____ e outros doces.

f) Sei fazer uma salada de _____ deliciosa.

2 Leia a informação.

A **galinha-d'angola** é originária da África. Ela possui plumagem cinzenta com pintas brancas.

a) Quais são os sinais gráficos usados na expressão destacada?

_____

b) O apóstrofo foi usado para indicar a retirada da letra _____ na expressão _____.

3 Responda às adivinhas. **Dica**: As respostas têm hífen e apóstrofo.

a) É o mesmo que cachoeira. _____

b) Reservatório em forma de caixa usado para armazenar água.

_____

4 Leia o texto e coloque a cedilha nas palavras destacadas.

A ilusão pode gerar realidade

Toda quarta-feira, pela manhã, Carolina assiste a uma série na tevê. É a história de um grupo de amigos que resolve impedir a **construcão** de uma usina quí-mica, muito perigosa para a natureza.

As **criancas** não querem que as árvores sejam cortadas para abrir **espa-co** para a usina. Não querem que ela solte **fumaca** negra no céu, suje o rio e envenene os peixes. Então, procuram conscientizar todo mundo, organi-zam passeatas, bloqueiam a passagem dos caminhões e inventam mil coi-sas para convencer os construtores a desistir da usina.

A verdade e a mentira, de Brigitte Labbé e Michel Puech. São Paulo: Scipione, 2011. (Texto adaptado.)

5 Encontre no diagrama sete palavras com til. Depois, responda às adivinhas com as palavras encontradas.

V	N	Ã	Q	P	W	O	E	V	I	O	L	Ã	O	I	M
B	A	D	M	A	L	E	M	Ã	O	F	A	S	G	Õ	A
X	Ç	H	A	J	C	A	M	P	E	Õ	E	S	K	L	N
R	Ã	Z	Ç	B	N	I	Ã	D	T	B	U	M	I	G	H
Y	O	C	Ã	V	Õ	T	E	L	E	V	I	S	Ã	O	Ã

a) É o mesmo que país: ....

b) Meio de comunicação: ....

c) Nascido na Alemanha: ....

d) Vencedores: ....

e) Fruto da macieira: ....

f) Instrumento musical: ....

g) Parte inicial do dia que vai do nascer do sol ao meio-dia: ....

Ortografia

Uso de super- e ultra-

Leia a tirinha a seguir:

Peanuts, Charles Schulz © 1985 Peanuts Worldwide LLC. / Dist. by Universal Uclick

Snoopy: assim é a vida, Charlie Brown!, de Charles M. Schulz. Porto Alegre: L&PM, 2011.

A palavra **superpopulação** apresenta o prefixo **super-**.

Prefixo é a parte acrescentada ao início de uma palavra para mudar seu significado.

> O prefixo **super-** significa 'posição superior', 'excesso de'.
> A colocação do prefixo **super-** na palavra **população** (super + população) dá a ideia de 'excesso de população'.

1 Coloque o prefixo **super-** nas palavras abaixo e observe o efeito que ele causa na palavra de origem. Veja o exemplo:

lotado: *superlotado*

aquecimento: ....

interessante: ....

mercado: ....

2 Leia a frase.

O trem-bala é **ultraveloz**.

gui jun peng/Shutterstock/Glow Images

A palavra **ultraveloz** apresenta o prefixo **ultra-**, que significa 'extremamente', 'em excesso'.

○ Coloque o prefixo **ultra-** nas palavras abaixo e observe o efeito obtido. Veja o exemplo:

fino: *ultrafino*   passar: ....

violeta: ....   moderno: ....

3 Circule a palavra "intrusa" em cada grupo e complete a frase.

| supersecreto | supermãe | super-homem | supercampeão |

| ultramisterioso | ultra-humano | ultraleve | ultramoderno |

Nas palavras .... e .... há o emprego do ....

Fique por dentro!

Nas palavras em que o prefixo **super-** é seguido de **h** ou **r** usa-se hífen: super-herói, super-rápido.

Nas palavras em que o prefixo **ultra-** é seguido de **a** ou **h**, usa-se hífen: ultra-absorvente, ultra-humano.

4 Complete as frases com as palavras do quadro.

| ultrarrápido | ultrassonografia | ultrassecreta |

a) Rita escreveu uma mensagem .... para a amiga.

b) O avião é um meio de transporte ....

c) A médica analisou a .... do paciente.

1 Leia o verbete:

ul.tra.*le*.ve

    sm.

    1. Aer. Pequeno avião de material muito leve, com motor de baixa potência, que ger. só tem lugar para o piloto.

    a2g.

    2. Muitíssimo leve (bicicleta <u>ultraleve</u>).

    [F.: *ultra-* + *leve.*]

Dicionário Aulete Digital. Disponível em: <www.aulete.com.br/ultraleve#ixzz3kWYA1oQM>.
Acesso em: 1º set. 2015.

a) Escreva uma frase para cada significado da palavra **ultraleve**.

significado 1:

....

....

significado 2:

....

....

b) Faça um desenho ou cole uma foto para exemplificar o significado 2 de **ultraleve**.

2 Embora algumas palavras iniciem com **super** ou **ultra**, elas não são formadas pelos prefixos **super-** e **ultra-**. Veja:

> su.pe.ra.*ção*
>
> sf.
> **1.** Ação ou resultado de superar(-se).
> [Pl.: -ções.]
> [F.: Do lat. *superatio*, *onis*.]
>
> **Dicionário Aulete Digital**. Disponível em: <www.aulete.com.br/supera%C3%A7%C3%A3o>.
> Acesso em: 1º set. 2015.

a) Pesquise no dicionário as palavras a seguir e assinale a alternativa para indicar se a palavra é formada ou não por prefixo.

supercílio
- ○ formada por prefixo **super-**
- ○ não é formada pelo prefixo **super-**

superfino
- ○ formada por prefixo **super-**
- ○ não é formada pelo prefixo **super-**

ultraje
- ○ formada por prefixo **ultra-**
- ○ não é formada pelo prefixo **ultra-**

ultrassecreto
- ○ formada por prefixo **ultra-**
- ○ não é formada pelo prefixo **ultra-**

b) Crie uma frase com cada palavra acima.

....

....

....

....

Sinônimos e antônimos; homônimos e parônimos

Leia o texto abaixo e observe as palavras destacadas.

Lucas estava em **primeiro** lugar no **campeonato** de Matemática da escola. Sua colega Raíssa estava em **último** lugar.

Sabendo que Lucas tinha facilidade com os números, Raíssa pediu ajuda e os dois estudaram juntos para a etapa seguinte da **competição**.

Raíssa não foi melhor do que Lucas, mas na última fase ela esteve entre os dez melhores alunos.

As palavras **primeiro** e **último** têm sentido oposto.

As palavras **campeonato** e **competição** têm sentido semelhante.

Sinônimos são palavras com significado semelhante.
Antônimos são palavras com significado oposto.

Veja outros exemplos:

rápido
- sinônimo → veloz
- antônimo → devagar

feliz
- sinônimo → alegre
- antônimo → infeliz

 **Fique por dentro!**

Podemos formar antônimos com os prefixos **im-**, **in-** e **des-**.
Exemplos: possível/**im**possível; eficaz/**in**eficaz; feito/**des**feito.

Leia as frases e observe as palavras destacadas.

Leve meu casaco, por favor.

verbo

Esta mala está bem **leve**.

adjetivo

As palavras destacadas são chamadas de **homônimas**, pois têm a mesma pronúncia e a mesma grafia, mas significados e origens diferentes.

As palavras homônimas também podem ter:

○ a mesma pronúncia, mas grafia diferente.

Você colocou o **acento** na letra **i**?

sinal gráfico

Este **assento** é preferencial.

lugar de sentar-se

○ a mesma grafia, mas pronúncia diferente.

Você quer **colher** ou garfo?

utensílio

Maria vai **colher** laranjas.

pegar, apanhar

Agora, leia.

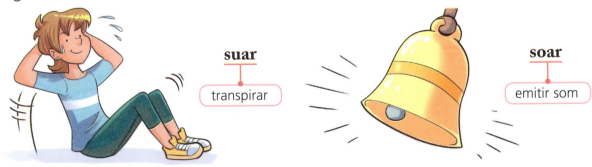

suar

transpirar

soar

emitir som

Palavras que têm grafia e pronúncia parecidas, mas significados diferentes, são **parônimas**.

1 Nos pares de palavras do quadro abaixo, assinale com **x** para indicar se foram formados por antônimos ou sinônimos. Caso tenha alguma dúvida sobre o significado, consulte o dicionário.

Palavras	Antônimos	Sinônimos
olhar/ver		
gostar/detestar		
fazer/desfazer		
modificar/alterar		
comum/raro		
separar/desunir		
culpado/inocente		
prejudicar/ajudar		

2 Escolha um par de palavras do quadro acima e escreva frases em que as duas palavras apareçam.

....

....

....

....

....

....

3 Complete as frases com as duplas de palavras. Se tiver dúvida, consulte o dicionário.

| cheque | cela | cerrar |
| xeque | sela | serrar |

a) O bandido foi preso e conduzido para a ....

b) Durante a tempestade, uma árvore caiu sobre o carro e foi preciso .... o automóvel para retirar parte dela.

c) A loja da esquina não aceita pagamento com cartão de crédito, apenas com dinheiro ou ....

d) Para montar no cavalo, antes é necessário colocar a ....

e) O portão irá .... e, após isso, ninguém mais entrará.

f) Em uma partida de xadrez, Julia deu um .... em Marcos.

○ Complete a informação.

As palavras de cada dupla são chamadas de .... porque têm a mesma ...., mas grafia e significados ....

4 Numere os significados de acordo com a palavra a que eles se referem.

| 1 fruir | ○ transcorrer | 1 comprimento | ○ tamanho |
| 2 fluir | ○ desfrutar | 2 cumprimento | ○ saudação |

| 1 ratificar | ○ corrigir | 1 delatar | ○ denunciar |
| 2 retificar | ○ confirmar | 2 dilatar | ○ alargar |

○ Complete a informação.

As palavras dos itens 1 e 2 são .... porque têm .... e .... semelhantes, mas .... diferentes.

5 Pinte os quadrinhos de acordo com o código a seguir.

palavras homônimas

palavras parônimas

cavaleiro: aquele que cavalga
cavalheiro: homem gentil

coser: costurar
cozer: cozinhar

chá: bebida
xá: antigo soberano do Irã

imergir: afundar
emergir: vir à tona

6 Leia as dicas e complete a cruzadinha com palavras homônimas.

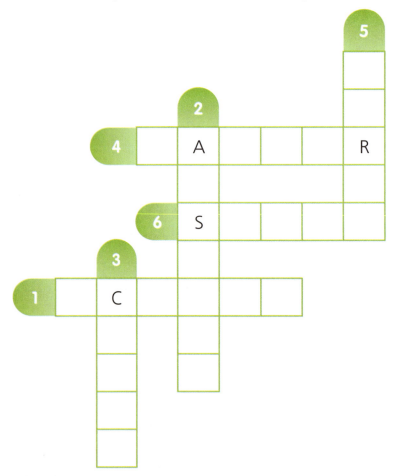

1. sinal gráfico usado sobre vogais

2. banco de ônibus, trem, avião

3. apanhar animal na mata

4. anular mandato

5. animal mamífero

6. criado, serviçal

7 Leia o texto a seguir e complete os espaços com os sinônimos das palavras destacadas. Veja o quadro.

pintar	caçoar	glacial
	realizar	conversar

Sinônimos são palavras que apresentam sentido semelhante, por exemplo:

executar/..., zombar/...,

gelado/..., dialogar/... e

colorir/..

○ Agora complete os espaços com os antônimos das palavras destacadas. Veja o quadro:

cansado	inverno	sair
rápido	vazio	bonito

Os antônimos, por sua vez, são palavras que apresentam significados opostos,

como entrar/..., verão/...,

devagar/..., disposto/...,

cheio/... e feio/..

Ortografia

des- / im- / in-

Leia as frases.

> Renato ligou a televisão, mas a desligou logo depois.
>
> Há alguns livros impróprios para crianças. Já os gibis são próprios para pessoas de todas as idades.
>
> Minha irmã não sabia se seu chapéu era adequado ou inadequado para a festa.

As palavras **desligou**, **impróprios** e **inadequado** apresentam os prefixos **des-**, **im-** e **in-**. Eles dão ideia de sentido contrário à da palavra de origem. Veja:

des- + ligou •→ desligou

im- + próprios •→ impróprios

in- + adequado •→ inadequado

❶ Coloque os prefixos **des-**, **in-** ou **im-** nas seguintes palavras e observe o efeito de ideia contrária à da palavra de origem.

fazer: .... feliz: ....

possível: .... abrigar: ....

compatível: .... pessoal: ....

❷ Separe o prefixo da palavra original. Veja o exemplo:

inquieto: *im + quieto* impossível: ....

desempregado: .... independente: ....

informal: .... destravar: ....

desajeitado: .... imprevisível: ....

Capítulo 9 – Sinônimos e antônimos; homônimos e parônimos

3 Acrescente **des-**, **im-** ou **in-** às palavras e escreva o novo significado de cada palavra após receber o prefixo. Veja o exemplo:

necessário: *desnecessário – que não é necessário*

respeitar: ....

visível: ....

prender: ....

constante: ....

4 Procure as palavras a seguir no dicionário, escreva seu significado e uma frase para exemplificá-las.

a) seção: ....

....

b) sessão: ....

....

c) sexta: ....

....

d) cesta: ....

....

5 Circule no diagrama palavras que dão ideia de sentido contrário à ideia das palavras do quadro.

fazer	correto	estabilizar	capaz	possível	coerente

D	E	S	F	A	Z	E	R	M	L	P	O	U	Y	G	F	D	S	X	I	V	B
Q	W	Z	C	V	J	K	I	O	I	M	P	O	S	S	Í	V	E	L	S	F	H
S	D	F	G	E	R	G	D	F	V	B	N	I	N	C	O	E	R	E	N	T	E
A	I	C	D	I	N	C	O	R	R	E	T	O	N	U	J	R	T	X	B	M	D
I	R	U	D	H	J	L	K	V	C	X	A	I	N	C	A	P	A	Z	E	Q	E
U	D	E	S	E	S	T	A	B	I	L	I	Z	A	R	W	F	Y	I	M	K	Z

Veja com atenção este cartaz e depois converse com os colegas e o professor sobre ele.

Os primeiros sinais de aquecimento global são agora claramente visíveis. Nós precisamos urgentemente limitar as emissões de gás de efeito estufa. Nada nem ninguém será poupado da mudança climática. Este aviso é, portanto, para todas as pessoas, todos os países e, em particular, para o Conselho Ministerial Belga que, no final de semana de 20 e 21 de março 2011, terá que decidir qual ação tomar em relação aos procedimentos essenciais ligados ao Protocolo de Quioto.

WTF

wwf.org

Agora responda:

a) Que forma de comunicação foi usada nesse cartaz para transmitir a mensagem principal?

....

b) Você conseguiu compreender a mensagem do cartaz?

....

....

c) Escreva nas linhas abaixo a mensagem que o cartaz transmite. Use uma palavra com o prefixo **super-**. E não se esqueça de dividir as palavras que não couberem na linha.

....

....

....

....

....

d) Leia as palavras do quadro e classifique-as quanto à posição da sílaba tônica.

| sorvete | planeta | Terra |
| casquinha | aquecimento | derreter |

....

....

....

....

....

○ Agora circule os dígrafos das palavras. **Dica**: Algumas palavras têm mais de um dígrafo.

Unidade 2

BEM-VINDO AO ZOOLÓGICO MUNICIPAL

AVESTRUZ

MACACO-
-PREGO

EMA

TAMANDUÁ-
-BANDEIRA

ELEFANTE

GIRAFA

O que vou estudar?

- Sinais de pontuação
- Tipos de frase
- Artigo
- Substantivo: comum, próprio, coletivo, simples, composto, primitivo, derivado, concreto, abstrato
- Substantivo: gênero, número e grau
- Preposição e locução prepositiva
- Crase

Sinais de pontuação I – Tipos de frase

Os sinais de pontuação têm a função de organizar a escrita. Conheça a seguir alguns desses sinais.

Ponto-final .

Indica final de frase com sentido completo.

> Chegamos da escola com fome.

Vírgula ,

Separa:

- palavras ou expressões numa enumeração
- chamamento
- local e data
- endereço
- uma explicação

> Vanessa mirou a rede, respirou fundo, chutou e comemorou o gol.

> Caio, você pode me ajudar?

> Piratininga, 14 de setembro de 2016.

> Avenida Brasil, 240.

> Em 12 de outubro, Dia das Crianças, os alunos visitarão um museu.

Ponto de interrogação ?

Indica uma pergunta.

> Quando você volta?

Ponto de exclamação !

Indica espanto, surpresa, admiração.

> Oba! Papai fez brigadeiro!

Ponto e vírgula ;

Na leitura, indica uma pausa um pouco maior que a da vírgula.

> Míriam chegou às dez horas; Joana, às onze.

Os sinais de pontuação são importantes na organização dos diferentes tipos de frase. Veja:

Frase declarativa afirmativa

Afirma alguma coisa. Geralmente termina com ponto-final.

Estou com fome.

Frase declarativa negativa

Nega alguma coisa. Geralmente termina com ponto-final.

Não estou com fome.

Frase interrogativa

Indica uma pergunta. Termina com ponto de interrogação.

Quem me ligou?

Frase exclamativa

Indica alegria, admiração, espanto. Termina com ponto de exclamação.

As férias estão chegando!

Frase imperativa

Indica uma ordem ou um pedido. Termina com ponto-final ou ponto de exclamação.

Por favor, me espere na saída.
João, arrume seu quarto agora!

As frases interrogativas, exclamativas e imperativas também podem ser negativas. Observe.

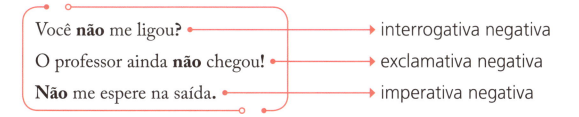

Você **não** me ligou? ➝ interrogativa negativa

O professor ainda **não** chegou! ➝ exclamativa negativa

Não me espere na saída. ➝ imperativa negativa

Fique por dentro!

Nas frases negativas geralmente aparece a palavra **não**.

Atividades

1. O ponto-final é usado para concluir uma ideia e indicar o final da frase. Coloque o ponto-final nas frases do texto a seguir.

Tony Rowell/Corbis/Fotoarena

Saiba tudo sobre estrelas cadentes!

Você está olhando para as estrelas à noite e, de repente, um rastro de luz cruza o céu É uma estrela cadente Apesar de ter esse nome, ela não é uma estrela de verdade, mas um meteoro Todo mundo sabe que muitas rochas (ou meteoroides) vagam pelo espaço Quando se aproximam muito da Terra, elas são atraídas por sua gravidade Ao entrarem na atmosfera, elas se aquecem e se desmancham em pequenos fragmentos, deixando um rastro luminoso que chamamos de estrelas cadentes

Saiba tudo sobre as estrelas cadentes! **Recreio**, 3 set. 2015. Disponível em: <http://recreio.uol.com.br/noticias/escola/saiba-tudo-sobre-as-estrelas-cadentes.phtml#.VfcosdJViko>. Acesso em: 14 set. 2015.

- De que tipo são as frases desse texto?

2. Leia mais um trecho do texto e coloque os sinais de pontuação no final das frases. **Dica**: use uma vez o ponto-final e uma vez o ponto de interrogação.

Você sabia que...

... ao ver uma estrela cadente, você pode fazer um pedido que ele irá se realizar Imagine quantos desejos poderiam ser feitos em uma noite de chuva de meteoros

Saiba tudo sobre as estrelas cadentes! **Recreio**, 3 set. 2015. Disponível em: <http://recreio.uol.com.br/noticias/escola/saiba-tudo-sobre-as-estrelas-cadentes.phtml#.VfcosdJViko>. Acesso em: 14 set. 2015.

3 Pontue as frases. Depois indique de que tipo elas são.

a) Por que você não saiu ontem ◯

....

b) Mariana é muito esperta ◯

....

c) Que dia lindo ◯

....

d) Não se esqueça de pegar o guarda-chuva ◯

....

e) Luísa ◯ me ajude, por favor.

....

4 Imagine-se em uma das situações a seguir. Escreva uma frase que você diria em cada uma delas. Não se esqueça de usar a pontuação adequada.

Monkey Business Images/Shutterstock

Marc Dufresne/iStock/Getty Images

....

....

....

o Que sinais de pontuação você usou nas frases que escreveu?

....

....

5 Leia a história em quadrinhos a seguir e responda às perguntas.

Cebolinha. Então, é o amor..., de Mauricio de Sousa. São Paulo: Panini Comics, n. 71, nov. 2012.

a) Que sinais de pontuação foram usados nos textos dos balões?

....

....

b) Para que servem as vírgulas no segundo e no terceiro quadrinhos?

....

6 Leia esta tirinha.

Mônica tem uma novidade!, de Maurício de Sousa. Porto Alegre: L&PM, 2009.

○ Copie da tirinha:

a) a frase interrogativa afirmativa.

....

b) a frase interrogativa negativa.

....

c) a frase exclamativa.

....

d) a frase declarativa negativa.

....

7 Observe a cena.

○ Agora, escreva uma frase imperativa indicando a fala da mãe do menino.

....

....

○ Que sinais de pontuação você utilizou?

....

No dia a dia

Os sinais de pontuação são muito importantes, pois ajudam a dar sentido ao texto.

Observe nas cenas a seguir que alguns balões de fala estão sem pontuação. Coloque as pontuações que mais façam sentido e converse com os colegas e o professor sobre as diferentes interpretações que podem ter.

1

Ortografia

1 Leia o texto a seguir.

Vitoriano Junior/Shutterstock

Como surgiu o dinheiro?

As primeiras moedas, parecidas com as atuais, apareceram na Lídia, atual Turquia, e na Grécia, por volta do século 7 antes de Cristo. Elas eram pequenas peças de metal com peso e valor definidos. Antes, as compras eram feitas através de trocas de mercadorias. Já o dinheiro em papel tem origem na Idade Média, quando surgiu o costume de se guardar valores com um ourives, que era a pessoa que negociava objetos de ouro e prata. Como garantia, o ourives entregava um recibo. Com o tempo, esses recibos passaram a ser usados para fazer pagamentos, circulando de mão em mão. E aos poucos surgiram notas prontas.

Como surgiu o dinheiro? **Recreio**, 29 maio 2015. Disponível em: <http://recreio.uol.com.br/noticias/curiosidades/como-surgiu-o-dinheiro.phtml#.VkDrM_mrTIU>. Acesso em: 15 set. 2015.

○ Nas palavras destacadas, as letras em vermelho representam o som **sê**. Escreva-as na coluna indicada, conforme a letra que representa esse som.

s no início	ss	c	ç

2 Forme novas palavras, como no exemplo.

atrair ⟶ *atração*   avaliar ⟶ ....

proibir ⟶ ....   optar ⟶ ....

ilustrar ⟶ ....   promover ⟶ ....

selecionar ⟶ ....   indicar ⟶ ....

3 Complete a fábula com as palavras que o professor vai ditar.

A corça zarolha

Uma .... zarolha foi parar numa praia e ali ficou pastando, com o olho bom voltado para a terra, atenta ao ataque dos ...., e com o estropiado voltado para o mar, do qual ela não .... nenhuma .... Mas .... que navegavam por ali, ... que a viram, ... dardos contra ela. E a ...., expirando, disse para si: "Que desditosa sou eu, que me resguardava da terra como ...., mas encontrei muito mais .... no mar, no qual busquei refúgio".

Esopo: fábulas completas, de Esopo. Tradução de Maria Celeste C. Dezotti. São Paulo: Cosac Naify, 2013.

4 Leia um trecho do poema abaixo e complete as palavras com **c**, **ç** ou **ss**.

A invenção do abra.........o

[...]
Até que um dia
alguém deu um pa .... o,
diminuiu o espa .... o
e fez do bra .... o
um la .... o.

Foi um su .... e .... o,
virou moda,
e hoje até na hora
do fraca .... o
se há bra .... o
há abra .... o.

É tudo invenção, de Ricardo Silvestrin. São Paulo: Ática, 2008. (Texto adaptado).

Capítulo 2

Sinais de pontuação II

Leia o seguinte trecho do livro **O Pequeno Príncipe**, que mostra o encontro do piloto com o Pequeno Príncipe, e observe os sinais de pontuação.

[...]

Levei muito tempo para compreender de onde viera. O pequeno príncipe, que me fazia muitas perguntas, e parecia nunca ouvir as minhas. Palavras pronunciadas ao acaso é que foram, pouco a pouco, revelando tudo. Assim, quando viu pela primeira vez meu avião (não vou desenhá-lo aqui, é muito complicado para mim), perguntou-me:

— Que coisa é aquela?

— Não é uma coisa. Aquilo voa. É um avião. O meu avião.

Eu estava orgulhoso de lhe dizer que eu voava. Então ele gritou:

— Como? Tu caíste do céu?

— Sim — falei modestamente.

— Ah! Isso é engraçado...

E o pequeno príncipe deu uma bela risada, que me irritou profundamente. Gosto que levem a sério as minhas desgraças. Em seguida, acrescentou:

— Então, tu também vens do céu! De que planeta tu és?

Vislumbrei um clarão no mistério da sua presença, e perguntei bruscamente:

— Tu vens então de outro planeta?

Mas ele não me respondeu. Balançava lentamente a cabeça enquanto olhava o meu avião:

— É verdade que nisso aí, não podes ter vindo de muito longe...

[...]

O Pequeno Príncipe, de Antoine Saint-Exupéry. Tradução de Ruy Pereira. São Paulo: Escala, 2015.

Nesse texto, vimos mais alguns sinais de pontuação. Observe as funções que eles podem desempenhar.

Dois-pontos :

Introduzem:

- a fala de alguém;

> "Eu estava orgulhoso de lhe dizer que eu voava. Então ele gritou:"

- uma explicação;

> Estas são minhas cores preferidas: amarelo, vermelho e azul.

- uma citação.

> D. Pedro declarou: "Se é para o bem da nação, diga ao povo que fico!".

Travessão —

Introduz a fala de alguém.

> "— Tu vens então de outro planeta?"

Separa a fala do personagem da fala do narrador.

> "— Sim — falei modestamente."

Reticências ...

Indicam uma interrupção da fala ou do pensamento.

> "— É verdade que nisso aí, não podes ter vindo de muito longe…"

Parênteses ( )

Separam palavras ou frases para dar explicação ou chamar a atenção.

> "Assim, quando viu pela primeira vez meu avião (não vou desenhá-lo aqui, é muito complicado para mim), perguntou-me:"

Aspas " "

Indicam:

- a fala ou o pensamento de alguém;

> A menina disse à vovozinha: "Que olhos grandes você tem!".

- a citação de um texto.

> O professor explicou o significado do ditado "Quando um não quer, dois não brigam".

Atividades

1 Junte-se a um colega e releiam o trecho do livro **O Pequeno Príncipe**. Identifiquem os sinais de pontuação e analisem por que eles foram usados.

2 Releia estas falas do texto e explique por que os travessões foram usados.

a) — Que coisa é aquela?

....

....

b) — Sim — falei modestamente.

....

....

....

3 No relato a seguir faltam os sinais de pontuação. Coloque-os adequadamente.

É dia de prova ◯ Correria ◯ medo ◯ ansiedade ◯ unhas roídas e a tampa da caneta mordida ◯ Clássico dia de prova ◯

Chegando à escola ◯ morrendo de medo ◯ dou tchau para a mãe e para o pai e entro na escola. Lá vem a mais clássica das perguntas:

◯ Estudou para a prova ◯

É ◯ hoje é um clássico dia de prova ◯

Gustavo Gomes, colunista da "Folhinha". **Folha de S.Paulo**, 17 out. 2015. Disponível em: <www1.folha.uol.com.br/folhinha/2015/10/1694742-voce-mordia-a-tampa-da-caneta-em-dia-de-prova-leia-coluna-de-gustavo-11.shtml>. Acesso em: 5 nov. 2015.

4 Leia parte da página de um diário.

Ano-novo

Sabe aquela coisa de fazer uma lista de " promessas " no começo do ano para tentar se tornar uma pessoa melhor ?

Bom , o problema é que não é fácil, para mim , pensar em maneiras para me aprimorar, porque já sou uma das melhores pessoas que conheço.

Então minha promessa deste ano é tentar ajudar OUTRAS pessoas a se tornarem melhores. Mas o que descobri é que tem gente que não reconhece quando você está tentando ser prestativo.

Diário de um banana: a gota d'água, de Jeff Kinney. Tradução de Antonio de Macedo Soares. Cotia: Vergara & Riba Editoras, 2010.

○ Escreva o nome dos sinais de pontuação destacados e sua função no texto.

....

....

....

....

....

5 Leia esta outra página do diário. Depois, no caderno, copie e indique de que tipo são as frases destacadas.

Sábado

Bem, depois de passar as últimas duas semanas indo a pé para a escola, **estava com a maior vontade de passar dois dias sem fazer nada.**

O problema de ver TV num sábado é que só tem boliche ou golfe. Além disso, o sol entra pela vidraça e mal se consegue enxergar alguma coisa na tela.

Hoje eu queria mudar de canal, mas o controle remoto estava em cima da mesinha. Tinha me instalado com a tigela de cereais no colo, **e não estava a fim de me levantar.**

Diário de um banana: a gota d'água, de Jeff Kinney. Tradução de Antonio de Macedo Soares. Cotia: Vergara & Riba Editoras, 2010.

6 Coloque no texto os sinais de pontuação que estão faltando.

Palavras de índio

Abacaxi, boi, guri ◯ essas são palavras que todo mundo conhece e que vêm do Tupi, língua falada por muitos nativos que moravam no Brasil, em 1500 ◯ Naquela época ◯ existiam centenas de línguas faladas pelos índios. Hoje ◯ sobraram apenas dezenas ◯

Agora, responda sem pestanejar ◯ você sabe o que significa **coivara, ita** e **peitica** ◯ Essas e outras palavras em Tupi estão descritas no livro **Pororoca, pipoca, paca e outras palavras do Tupi**.

Além de dizer o que significa esses e outros termos, a obra traz muitas informações sobre os vocábulos ◯ Você pode ficar por dentro da história dos nomes de bichos, de plantas, além de lugares e pessoas, que os indígenas batizaram, mas que hoje fazem parte da principal língua falada no Brasil ◯ o português ◯

E as outras línguas indígenas ◯ Também há informações sobre elas ◯ Que tal conhecer ◯

Pororoca, pipoca, paca e outras palavras do Tupi, de Marcos Bagno e Orlene Lúcia S. Carvalho. Ilustrações de Luiz F. Amorim. Parábola.

Ciência Hoje das Crianças. Disponível em: <http://chc.cienciahoje.uol.com.br/palavras-de-indio/>. Acesso em: 22 nov. 2015.

○ Copie do texto a frase que tem dois-pontos.

....

....

....

○ Que sinal de pontuação você utilizou para indicar que retirou essa frase do texto?

....

7 Leia esta HQ do Senninha.

Disponível em: <www.senninha.com.br/revistinha.asp?n=9>.
Acesso em: 25 nov. 2015.

○ No caderno, reescreva as falas dos personagens usando o travessão para introduzi-las.

Fique por dentro!

Na escrita, para indicar a fala de um personagem, usamos o travessão. Nas histórias em quadrinhos, em vez do travessão, são usados balões de fala. A ponta do balão indica de quem é a fala.

Ortografia

menos

1 Observe as imagens e leia as frases.

A cesta tem **menos** maçãs do que laranjas.

O grupo tem **menos** meninos do que meninas.

Compare.

> menos maçãs   menos meninos

Fique por dentro!
A palavra **menos** é invariável, ou seja, nunca muda.

2 Complete as frases com a palavra **menos**. Depois, leia-as em voz alta.

a) Quero .... conversa na sala!

b) Coloque .... água no arroz.

c) Use .... tempero na comida.

d) A sala do 3º ano tem .... alunos do que a do 5º ano.

e) Fizemos a última corrida em duas horas. Para a próxima, precisaremos de

.... horas.

Capítulo 3 — Artigo

Leia esta cantiga.

O cravo e a rosa

O cravo brigou com **a** rosa
Debaixo de **uma** sacada,
O cravo saiu ferido
E **a** rosa, despedaçada.
O cravo ficou doente,
A rosa foi visitar,
O cravo teve **um** desmaio,
E **a** rosa pôs-se a chorar.

Cantiga popular.

As palavras destacadas na cantiga são **artigos**.

Artigo é a palavra que antecede o substantivo, determinando-o de modo definido/preciso ou de modo indefinido/impreciso.

Os artigos podem ser **definidos** ou **indefinidos**.

O **artigo definido** determina o substantivo de modo específico.

São eles: **o**, **a**, **os**, **as**.

O **artigo indefinido** refere-se ao substantivo de modo indeterminado, vago.

São eles: **um**, **uma**, **uns**, **umas**.

1 Leia um trecho da letra da canção **O leão**, de Vinícius de Morais, e comple-te os espaços com artigos definidos ou indefinidos.

O leão

Leão! Leão! Leão!
Rugindo como _____ trovão
Deu _____ pulo, e era _____ vez
_____ cabritinho montês.

Leão! Leão! Leão!
És _____ rei da criação!

Tua goela é _____ fornalha
Teu salto, _____ labareda
Tua garra, _____ navalha
Cortando _____ presa na queda.

[...]

_____ salto do tigre é rápido
Como _____ raio; mas não há
Tigre no mundo que escape
Do salto que _____ leão dá.
Não conheço quem defronte
_____ feroz rinoceronte.
Pois bem, se ele vê _____ leão
Foge como _____ furacão.

[...]

A arca de Noé, de Vinícius de Morais. São Paulo: Companhia das Letrinhas, 2015.

2 Marque um **X** na alternativa que explica melhor o sentido da frase a seguir.

Um fã foi sorteado após o *show* para conhecer seu ídolo.

( ) Só havia um fã no *show* e ele foi sorteado.

( ) Havia vários fãs no *show* e um deles foi sorteado.

3 Reescreva as frases substituindo os artigos definidos destacados por indefinidos.

a) **O** jovem ajudou **a** senhora que havia caído a se levantar.

....

....

b) **A** professora elogiou **o** trabalho da aluna.

....

....

c) **Os** cachorros subiram **a** rua e **os** gatos que lá estavam saíram correndo.

....

....

d) **As** crianças e **os** pais organizaram **a** festa de despedida do ano letivo.

....

....

4 Leia as frases e, com uma seta, ligue os artigos aos substantivos a que eles se referem. **Dica**: o artigo vem antes do substantivo, próximo ou afastado dele.

a) Juntei umas quarenta figurinhas.

b) Os meus carrinhos já estão guardados nas caixas.

c) Bruno colocou as medalhas que conquistou na estante da sala.

d) Um pássaro pousou na janela do meu apartamento.

5 Observe a imagem e escreva uma frase sobre ela usando artigos definidos e indefinidos.

Popova Valeriya/Shutterstock

....

....

....

Unidade 2

De olho no dicionário

1 O gênero do artigo pode mudar o sentido do substantivo. Leia o verbete a seguir.

> **cabeça** (ca.be.ça) [ê] *s.f.* **1.** (*Bio.*) Extremidade superior do organismo animal, em que ficam o cérebro, olhos, boca etc. **2.** (*P. ext.*) Extremidade superior de um objeto, geralmente mais dilatada que o restante: *cabeça do prego*. **3.** (*Fig.*) Inteligência, raciocínio, mente: *ela tinha uma cabeça ótima*. **4.** Pessoa muito culta ou inteligente. **5.** Cabeçote. *s.m.* **6.** (*sobrecomum*) Chefe, líder, guia: *ela é o cabeça do grupo*.
>
> **Dicionário Global escolar Silveira Bueno da língua portuguesa**. São Paulo: Global, 2009.

○ Agora, copie a definição que corresponde ao sentido da palavra **cabeça** nas frases abaixo.

a) João é **o cabeça** da equipe.

_____

_____

b) João machucou **a cabeça**.

_____

_____

_____

c) **A cabeça** desse prego está enferrujada.

_____

_____

d) Renato tem **uma cabeça** incrível! Ele acerta tudo na prova de Matemática!

_____

_____

2 Pesquise no dicionário e escreva o significado das palavras abaixo. Atenção ao artigo que as acompanha. Depois escreva frases usando cada palavra.

o caixa: ....
....
....

a caixa: ....
....
....
....

o grama: ....
....
....

a grama: ....
....
....

o capital: ....
....
....

a capital: ....
....
....

Ortografia

r/rr

1 Leia os trava-línguas a seguir.

O rato roeu a roupa do rei de Roma.
A rainha, com raiva, foi consertar.

Três pratos de trigo para três tigres tristes.

Uma aranha dentro da jarra.
Nem a jarra arranha a aranha
Nem a aranha arranha a jarra.

Trava-línguas populares.

a) Copie, dos trava-línguas, palavras com:

- **r** entre vogais: ....
- **r** em final de sílaba: ....
- **rr**: ....
- **consoante + r**: ....
- **r** em início de palavra: ....

....

b) Complete as informações.

As palavras .... e .... têm
r entre vogais. Logo, o som dessa letra é ....

Na palavra ...., dobra-se o **r** para obter
som ....

A letra **r** em início de palavra, como em ....,
também tem som ....

2 Leia o poema a seguir e observe as palavras destacadas.

A invenção da meia

Primeiro
fizeram
inteira.
Quando
viram
que **eram**
dois pés,
dividiram:
meia a meia.

É tudo invenção, de Ricardo Silvestrin. São Paulo: Ática, 2008.

○ Complete.

Nas palavras destacadas, a letra **r** aparece entre .... Por isso,

o som dessa letra é ....

3 Complete a cruzadinha com palavras com **r**.

4 letras	5 letras
remo trio	corpo troco
6 letras	**8 letras**
buraco tarefa	borracha caramelo

Substantivo comum, próprio e coletivo

Leia este texto.

Meu **nome** é **Fernanda**, nasci em **Minas Gerais** e, aos 4 **anos**, me mudei para **São Paulo**.

Gosto muito daqui. Aos **sábados**, vou ao **cinema** com minha **família**. Também nos divertimos bastante no **parque**, quando levamos nossas **bici-cletas** e passeamos todos juntos.

Frequentemente, meus **pais** me levam para a **biblioteca**, onde escolho sempre dois **livros** para ler.

Já tenho 10 anos e, quando crescer, quero ser **veterinária** e poder aju-dar todos os **animais** que passam por alguma **situação** difícil.

Spotmatik Ltd/Shutterstock

As palavras destacadas no texto são **substantivos**.

> **Substantivos** são palavras que dão nome a seres, sentimentos e lugares.

Os substantivos podem ser **próprios**, **comuns** e **coletivos**.

> **Substantivo próprio** é aquele que dá nome a um só ser de uma mesma espécie. Exemplos: Fernanda, Minas Gerais, São Paulo.
>
> **Substantivo comum** é aquele que dá nome a todos os seres de uma mesma espécie. Exemplos: animais, família, cinema, parque, bicicletas.
>
> **Substantivo coletivo** é aquele que, mesmo estando no singular, nomeia um conjunto de seres. Exemplos: família (vários parentes), biblioteca (conjunto de livros).

Conheça alguns substantivos coletivos.

Substantivos coletivos			
álbum	fotos, figurinhas, selos	flora	plantas de uma região
alcateia	lobos	frota	veículos de uma mesma empresa
alfabeto	letras	manada	elefantes, bois, cavalos, búfalos
arquipélago	ilhas	matilha	cães
atlas	mapas	molho	chaves
banda	músicos	multidão	pessoas
bando	aves	ninhada	pintos
batalhão	soldados	nuvem	gafanhotos, insetos
biblioteca	livros	pelotão	soldados
boiada	bois	penca	bananas
bosque	árvores	pinacoteca	quadros
cacho	bananas, uvas	pilha	tijolos, pratos
cardume	peixes	ramalhete	flores
cordilheira	montanhas	rebanho	carneiros, ovelhas
constelação	estrelas	réstia	alhos, cebolas
elenco	artistas	revoada	pássaros
enxame	abelhas	time	jogadores
esquadra	navios	tropa	soldados, burros, cavalos
esquadrilha	aviões	turma	estudantes, operários
fauna	animais de uma região	vara	porcos

Atividades

1 Leia um trecho de uma sinopse.

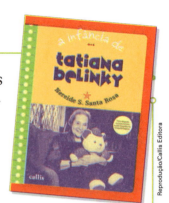

A infância da escritora russa Tatiana Belinky nos seus primeiros dez anos de vida na Europa foi marcada por idas a praias do mar Báltico, brincadeiras como encenar peças de teatro com o irmão mais novo e por comemorações de aniversário sentada no trono, com direito a coroa e tudo. Essas e outras histórias de Tatiana foram reunidas pela pedagoga Nereide Santa Rosa no livro **A infância de Tatiana Belinky**.

Disponível em: <http://livraria.folha.com.br/livros/familia-pais-e-filhos/infancia-tatiana-belinky-nereide-santa-rosa-1149791.html>. Acesso em: 7 jan. 2016.

○ Copie do texto:

a) dois substantivos próprios. ....

....

b) o nome de um objeto cujo coletivo é **biblioteca**. ....

2 Nas frases, circule os substantivos que dão nome a um grupo de seres e sublinhe os substantivos comuns que estão no plural.

a) Eu e meu primo comemos todas as uvas do cacho.

b) No céu havia tantas estrelas que nem sequer era possível descobrir a qual constelação elas pertenciam.

c) Antes do *show* da banda, os músicos testaram os instrumentos.

d) Ele foi o jogador que mais se destacou no time.

○ Complete a informação com as palavras entre parênteses.

Os substantivos sublinhados são .... Os substantivos circulados são .... (coletivos/comuns)

3 Complete as frases com os substantivos coletivos do quadro. Em seguida, escreva o substantivo a que esses coletivos se referem. Veja o exemplo.

| cordilheira | ramalhete | penca | elenco | cardume |

A **cordilheira** dos Andes fica na América do Sul.

cordilheira: coletivo de montanhas

a) O .... gravou as últimas cenas da novela na última sexta-feira.

....

b) O .... e a .... estão sobre a mesa da cozinha.

....

....

c) João pescava no mar quando viu um .... de sardinhas.

....

4 Complete o quadro com o que se pede.

Nome de quatro colegas	Nome de quatro frutas que você encontra no supermercado	Nome de quatro cidades brasileiras

o Que tipos de substantivo você escreveu acima?

....

Ortografia

h

1 Leia o poema e observe as palavras destacadas.

Maluquices do H

O **H** é letra incrível,
muda tudo de repente.
Onde ele se intromete,
tudo fica diferente…
Se você vem para cá,
vamos juntos tomar **chá**.
Se o sono aparece,
vem um **sonho** e se adormece.
Se sai galo do poleiro,
pousa no **galho** ligeiro.
Se a **velha** quiser ler,
vai a vela acender.
Se na fila está a avó,
vira **filha**, veja só!

Se da **bolha** ele escapar,
uma bola vai virar.
Se o **bicho** perde o H,
com um bico vai ficar.
Hoje com H se fala
sem H é uma **falha**.
Hora escrita sem H,
ora bolas vai virar.
O H é letra incrível,
muda tudo de repente.
Onde ele se intromete,
tudo fica diferente…

Mais respeito, eu sou criança!,
de Pedro Bandeira. São Paulo:
Moderna, 2009.

a) Copie do texto duas palavras escritas com a letra **h**.

....

....

b) Agora, repare nestas palavras que são iniciadas com **h**: **hora** e **hoje**. Nelas, a letra **h** é pronunciada?

....

2 Releia os versos a seguir. Depois, faça o que se pede.

"Hora escrita sem H,
ora bolas vai virar."

- As palavras **hora** e **ora** apresentam:

  ◯ pronúncia, grafia e significado diferentes.

  ◯ pronúncia, grafia e significado iguais.

  ◯ mesma pronúncia, mas grafia e significado diferentes.

3 Responda às adivinhas a seguir. **Dica**: todas as palavras iniciam pela letra **h**.

a) O dia que vem antes de amanhã: ....

b) Meio de transporte aéreo: ....

c) Posição de quem está deitado: ....

d) Personagem que luta pelo bem de todos e enfrenta os vilões em filmes e livros: ....

e) Morador de um lugar: ....

4 Leia o significado destas palavras.

houve: aconteceu, ocorreu

ouve: escuta

- Agora, complete as frases com as palavras acima.

a) Veja quantos pássaros lá fora! Você .... o canto deles?

b) Durante o mês de julho, não .... sequer um dia com chuva.

c) Não sei o que .... com o meu computador, mas ele não está mais funcionando.

Substantivo simples, composto, primitivo e derivado

Veja estes substantivos e suas classificações.

flor

⬇

substantivo simples

⬇

formado por uma palavra

flor-de-lis

⬇

substantivo composto

⬇

formado por duas ou mais palavras, ligadas ou não por hífen

flor

⬇

substantivo primitivo

⬇

pode dar origem a outros substantivos

floreira

⬇

substantivo derivado

⬇

formado a partir de outro substantivo

Fique por dentro!

As palavras que formam os substantivos compostos podem ser ligadas por hífen (-) ou não. Veja alguns exemplos:

- com hífen: estrela-do-mar, vira-lata, mico-leão-dourado
- sem hífen: passatempo, planalto, fotografia

Conheça alguns substantivos compostos.

amor-perfeito

bem-te-vi

beija-flor

guarda-chuva

malmequer

passatempo

pontapé

vira-lata

couve-flor

girassol

boas-vindas

erva-doce

Agora, conheça alguns substantivos derivados.

Substantivo simples	Substantivo derivado
terra	terreno
livro	livraria
pedra	pedraria
fogo	fogaréu
papel	papelaria
avião	aviador
ferro	ferreiro

Unidade 2

1 Relacione as palavras da coluna da esquerda a seus significados na coluna da direita. Se necessário, consulte o dicionário.

(1)	tique-taque	( ) Cachorro sem raça definida.
(2)	estrela-do-mar	( ) Conversa informal, descontraída.
(3)	arranha-céu	( ) Som cadenciado e repetitivo.
(4)	vira-lata	( ) Prédio muito alto, com vários andares.
(5)	porta-níqueis	( ) Animal marinho com formato de estrela.
(6)	vale-refeição	( ) Bolsa pequena para carregar moedas.
(7)	bate-papo	( ) Vale que o empregador fornece ao trabalhador para a compra de refeição.

○ Agora, escolha três entre as palavras acima e crie uma frase.

....

....

....

2 Leia o texto e circule os substantivos compostos.

A **batata-doce** é também conhecida como **batata-da-terra, batata-da-ilha, jatica** e **jetica**.

Ela possui diversas variedades e é muito usada na alimentação.

Jiang Hongyan/Shutterstock

○ Agora, complete.

Esses substantivos compostos são formados por ....

ou mais palavras unidas por ....

3 A semana é composta de sete dias. Deles, cinco são substantivos compostos unidos por hífen. Quais são eles?

....

....

4 Encontre e circule, nas frases, substantivos compostos sem hífen.

a) A flor preferida de Luísa é o girassol!

b) Em dias de chuva, ir ao cinema é um ótimo passatempo.

c) Esta sobremesa é de morango.

d) Pedro fez um autorretrato na aula de Arte.

5 Complete as frases com substantivos derivados das palavras destacadas. Veja o exemplo.

> Joana é **delicada**; ela tem **delicadeza**.

a) Eu estou curioso. Eu sinto ....

b) Luís é leal com seus amigos; ele tem ....

c) O bebê é feliz. Ele sente ....

d) Vovô é muito sábio. Ele tem ....

6 Junte as palavras abaixo e forme substantivos compostos com hífen.

guarda	carro	estar	íris
bem	para	cachorro	chefe
raios	arco	roupa	quente

....

....

....

7 Leia o poema.

Canção de ninar

Menino, dorme depressa.
Depressa, menino, dorme.
Dorme depressa, menino.
Menino, depressa dorme.

No céu, o seu anjinho
já cansou de vigiar.
Nas nuvens, seu carneirinho
nem tem força pra berrar.

Da Lua, São Jorge é o soldado
e atrás do dragão já vem.
Se encontra você acordado,
ele leva você também.

As galinhas, no galinheiro,
dormem em completa paz.
Lá na praça, o pipoqueiro
nem vende pipoca mais.

Agora dorme, menino.
Menino, dorme agora.
Dorme, menino, agora.
Menino, agora dorme.

Namorinho de portão, de Elias José. São Paulo: Moderna, 2007.

a) Copie do poema dois substantivos derivados.

....

b) Escreva os substantivos primitivos correspondentes a esses substantivos derivados.

....

8 Complete as frases com substantivos derivados dos substantivos destacados.

a) .... é quem trabalha no **açougue**.

b) .... é quem conserta **sapatos**.

c) .... é a profissão de quem entrega **cartas** e outras correspondências.

Ortografia

li, lh

1 Leia o texto a seguir.

Os **melhores** horários para observar aves são no começo da manhã e no fin- zinho da tarde, que é quando elas estão mais ativas. [...]

O que você talvez não saiba é que apenas no Brasil existem quase duas mil espécies de aves. São mais de vinte tipos de pombas diferentes, quase cinquen- ta espécies de gaviões e só a **família** dos beija-flores conta com cerca de oitenta espécies. É muita ave no céu para observar! [...]

Ciência Hoje das Crianças, ano 28, n. 266. Rio de Janeiro, SBPC, abr. 2015.

○ Agora, leia em voz alta estas palavras do texto e complete a frase.

> melhores   família

O som de **lh** em .... é parecido com o som de **li** em

....

2 Complete as palavras com **lh** ou **li**.

cabeça.............o   sandá.............a

conse.............o   mura.............a

auxí.............o   pedregu.............o

mobí.............a   utensí.............o

3 Complete a cruzadinha com as respostas das adivinhas.

1. O mesmo que **ajudar**. A palavra tem **li**.

2. Pedaço de tecido cortado. A palavra tem **lh**.

3. Personagem que faz rir, geralmente em espetáculos de circo. A palavra tem **lh**.

4. Pelos da borda das pálpebras. A palavra tem **li**.

5. Talher usado para comer sobremesas. A palavra tem **lh**.

6. Calçado preso ao pé com tiras. A palavra tem **li**.

7. Órgão do sentido da visão. A palavra tem **lh**.

8. Aquele que é muito rico, que possui milhões. A palavra tem **li**.

9. Inseto que produz mel. A palavra tem **lh**.

10. O mesmo que fazer as pazes, harmonizar, estabelecer a paz. A palavra tem **li**.

Capítulo 5 – Substantivo simples, composto, primitivo e derivado

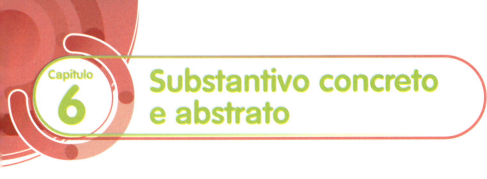

Substantivo concreto e abstrato

Leia estes textos.

Um **bicho** pra ser feliz
Não quer nem **farra** nem **festa**.
Quer viver em **liberdade**
Quer ter **casa** na **floresta**.

[...]

Na **casa** onde mora o **livro**
Encontra a **luz** quem procura.
Quanta **ideia**, que **cultura**
Tem no **mundo** da leitura!

O livro das casas, de Ricardo Azevedo.
São Paulo: Moderna, 2015.

Os substantivos podem ser **concretos** ou **abstratos**.

O **substantivo concreto** dá nome a seres em geral, que não dependem de outros seres para existir (pessoas, objetos, lugares). Por exemplo: **bicho**, **festa**, **casa**, **floresta**, **livro**, **luz** e **mundo**.

O **substantivo abstrato** dá nome a seres cuja existência depende de outros seres para se manifestar (ações, estados, qualidades, sentimentos e sensações). Por exemplo: **farra**, **liberdade**, **ideia** e **cultura**.

Atividades

1 Escreva substantivos derivados dos adjetivos a seguir. Veja o exemplo.

falso: *falsidade*   carente: ....

belo: ....   triste: ....

medroso: ....   alegre: ....

   o Os substantivos que acabamos de escrever representam qualidades e estados. Portanto, são denominados ....

2 Os substantivos abstratos também podem ser derivados de verbos. Veja o modelo e faça o mesmo com as outras palavras.

pensar: *pensamento*   ignorar: ....

conscientizar: ....   confiar: ....

lembrar: ....   saber: ....

3 Transforme as palavras a seguir em substantivos abstratos. Depois escolha um deles e forme uma frase.

paciente •→ paciência

a) cansado •→ ....   **b)** alegre •→ ....

....

4 Observe a expressão das crianças nas fotos. Em sua opinião, que sentimento(s) elas estão exprimindo? Use substantivos abstratos.

....

Hallgerd/iStock/Getty Images

Samuel Borges Photography/Shutterstock

Ortografia

-ez, -eza

Leia a frase e observe.

> O aluno passou os olhos com **rapidez** pelas questões da prova e teve a **certeza** de que conseguiria tirar uma boa nota.

adjetivo	substantivo
↓	↓
rápido ⟶	rapidez
certo ⟶	certeza

Fique por dentro!

Usamos a terminação **-ez/-eza** (com **z**) em substantivos abstratos derivados de adjetivos.

1 Complete com o adjetivo ou o substantivo correspondente.

.... ⟶ gentileza   limpo ⟶ ....

real ⟶ .... ⟶ timidez

esperto ⟶ ....   macio ⟶ ....

2 Complete as frases com substantivos formados a partir das palavras entre parênteses.

a) Senti .... ao ter .... da derrota do meu time. (triste/certo)

b) Com muita ...., o professor defendeu a .... cultural do Brasil. (firme/rico)

c) Infelizmente, há muita .... no Brasil. (pobre)

Capítulo 7

Gênero do substantivo: epiceno, comum de dois e sobrecomum

Leia o texto e observe as palavras destacadas.

Não existe coisa de menino e de menina

Meninos são naturalmente melhores em matemática do que as **meninas**? Meninas vão naturalmente melhor em redação e sabem cuidar dos outros? Meninos são mais bagunceiros? A resposta para todas essas perguntas é, por incrível que pareça, "não". O que tem ficado cada vez mais claro para os educadores, os sociólogos e outros profissionais é que as diferenças demonstradas na vida adulta entre **homens** e **mulheres** têm muita relação com os estímulos que são dados a eles durante a juventude. Em outras palavras: é mais fácil que uma criança que sempre brincou só com **jogos** de montar e encaixar pense na carreira de engenharia do que uma que sempre brincou só de **boneca**.

Não existe coisa de menino e de menina, de Nana Soares. Educar para crescer. Abril, set. 2014. Disponível em: <http://educarparacrescer.abril.com.br/comportamento/coisa-menino-coisa-menina-798549.shtml>. Acesso em: 4 nov. 2015.

Na língua portuguesa, os substantivos podem ser masculinos ou femininos.

Menino, **jogo** e **homem** são substantivos do **gênero masculino**.

Pertencem ao gênero **masculino** os substantivos que podem vir precedidos dos artigos **o**, **os**, **um**, **uns**.

(o, um) menino   (o, um) jogo   (o, um) homem

Menina, **mulher** e **boneca** são substantivos do **gênero feminino**.

Pertencem ao gênero **feminino** os substantivos que podem vir precedidos dos artigos **a**, **as**, **uma**, **umas**.

(a, uma) menina   (a, uma) mulher   (a, uma) boneca

Veja como se faz a passagem do gênero masculino para o gênero feminino de alguns substantivos.

Masculino terminado em **o, e**	Substitui-se	Feminino
o alun**o** o elefant**e**	**o** por **a** **e** por **a**	a alun**a** a elefant**a**
Masculino terminado em r, s, z	**Acrescenta-se**	**Feminino**
o canto**r** o inglê**s** o jui**z**	**a**	a canto**ra** a ingle**sa** a juí**za**
Masculino terminado em -ão	**Substitui-se**	**Feminino**
o an**ão** o pav**ão** o foli**ão**	**ão** por **ã** **ão** por **oa** **ão** por **ona**	a an**ã** a pav**oa** a foli**ona**

Veja outras formas de indicar o gênero dos substantivos.

Substantivos epicenos

Designam animais e têm só uma forma para os dois gêneros. Para indicar o sexo do animal, usam-se as palavras **macho** e **fêmea**, com hífen.

> A **baleia-macho** e a **baleia-fêmea** vieram parar na praia.

Substantivos comuns de dois gêneros

São os que têm apenas uma forma para os dois gêneros. Para distingui-los, usam-se artigos: **o** diante do masculino e **a** diante do feminino.

> **O gerente** e a **gerente** deste restaurante são irmãos.

Substantivos sobrecomuns

Apresentam uma única forma para o masculino e o feminino.

> Que **criança** bonita!

(pode ser menino ou menina)

Atividades

1 Escreva **o, os, a, as** antes dos substantivos. Depois pinte os quadrinhos conforme o código.

 substantivo feminino    substantivo masculino

☐ .... carros   ☐ .... jogadores

☐ .... sacola   ☐ .... abraço

☐ .... histórias   ☐ .... amizade

☐ .... livro   ☐ .... estrelas

2 Reescreva as frases passando os substantivos do masculino para o feminino. Faça as adaptações necessárias.

a) O vendedor atendeu o freguês com simpatia.

....

b) O pai dá exemplo aos seus filhos de como ser um bom cidadão.

....

....

3 Leia a frase.

> Uma jornalista famosa fez a reportagem que ganhou o prêmio.

a) O substantivo **jornalista** se refere a um homem ou a uma mulher?

....

b) Circule as palavras que ajudaram você a descobrir isso.

Capítulo 7 – Gênero do substantivo: epiceno, comum de dois e sobrecomum

4 Leia a frase e faça o que se pede.

> A joaninha-macho se alimenta de parasitas de plantas.

a) A palavra **joaninha** vem precedida de:

◯ o.   ◯ a.

b) Então, **joaninha** é um substantivo do gênero ....

c) Que palavra foi utilizada para indicar o sexo desse animal?

....

d) Como o substantivo **joaninha** pode ser classificado?

....

5 Circule nas frases os substantivos comuns de dois gêneros.

a) O estudante ficou satisfeito com a apresentação do palestrante.

b) A repórter entrevistou a motorista que causou o acidente.

o Agora, reescreva as frases mudando o gênero das palavras que você circulou.

....

....

6 Complete as frases com os substantivos sobrecomuns do quadro. Eles se referem a seres dos sexos masculino e feminino.

> crianças   vítima   indivíduos

a) O juiz mandou a .... entrar para depor.

b) Joana e Pedro são .... muito simpáticos.

c) As .... pequenas ficaram maravilhadas com os brinquedos do parque.

Ortografia

1 Marque um **X** na coluna que apresenta a opção correta para completar as palavras. Depois copie as palavras formadas. Se necessário, consulte o dicionário.

Palavra	ge	gi	je	ji	Palavra formada
tan⭐rina					....
in⭐eção					....
reló⭐o					....
can⭐ca					....
⭐rassol					....
laran⭐ira					....
⭐boia					....
selva⭐m					....

2 Observe as palavras destacadas abaixo. Depois complete as outras palavras com as letras que faltam.

texto	nascença	afeição
prete .... to conte .... to	na .... imento na .... er	afei .... oar afei .... oado

consciência	pressão
con .... iente con .... ientização	impre .... ão pre .... ionar

○ Copie as palavras destacadas, separando suas sílabas.

....

3 O som **sê** também pode ser representado por várias letras. Escreva, em cada coluna, mais duas palavras para cada grupo.

sc	sç	xc	x
desce	desça	excelente	auxílio

4 Complete as palavras com **s**, **ss** ou **ç**.

pa .... eio   .... uor   .... e .... enta

a .... úcar   a .... eio   solu .... ão

elei .... ão   belí .... ima   licen .... a

perde .... e   ca .... ar   .... ono

.... aída   refor .... o   ace .... ível

solu .... o   pa .... ado   .... audável

.... etembro   a .... ude   balan .... o

ca .... ula   querme .... e   a .... o

5 O que é, o que é? Descubra a palavra e escreva.

a) Pequeno buquê de flores. É um substantivo coletivo. ....

b) Figura geométrica de três lados. É polissílaba e tem encontro consonantal na primeira sílaba. ....

c) Órgão principal da circulação do sangue no organismo. É oxítona terminada em ditongo. ....

d) Antônimo de **abotoar**. É polissílaba e oxítona. ....

Número do substantivo: singular e plural

Leia esta tirinha.

A hora da vingança: as aventuras de Calvin e Haroldo,
de Bill Watterson. Tradução de Adriana Schwartz. São Paulo: Conrad, 2009.

Na língua portuguesa os substantivos variam em número. Veja:

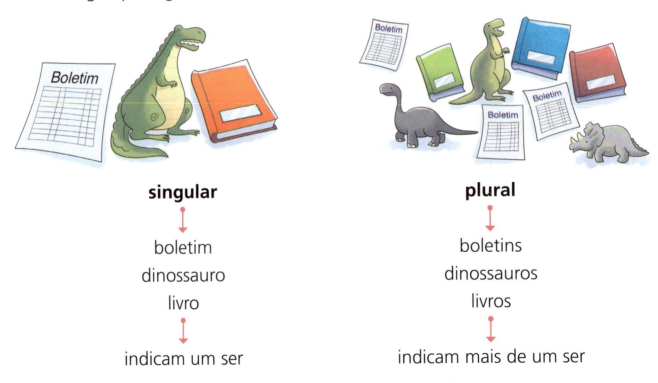

singular	**plural**
↓	↓
boletim	boletins
dinossauro	dinossauros
livro	livros
↓	↓
indicam um ser	indicam mais de um ser

Antes de substantivos no singular, usamos os artigos **o**, **a**, **um**, **uma**.
Antes de substantivos no plural, usamos os artigos **os**, **as**, **uns**, **umas**.

Em geral, os substantivos fazem o plural com o acréscimo de **s**:

carro/carro**s**   vida/vida**s**   armário/armário**s**

Mas há outros modos de formar o plural dos substantivos. Veja no quadro.

Substantivos terminados em		Regra	Plural
r, s, z	flo**r** fregue**s** jui**z**	Acrescenta-se **es**.	flor**es** fregues**es** juíz**es**
m	bagage**m** jardi**m**	Substitui-se **m** por **ns**.	bagage**ns** jardi**ns**
al, el, ol, ul	jorn**al** past**el** anz**ol** az**ul**	Substitui-se **l** por **is**.	jorna**is** pasté**is** anzó**is** azu**is**
il	fuz**il** répt**il**	Se for oxítono, troca-se **l** por **s**. Se for paroxítono, troca-se **il** por **eis**.	fuzi**s** répt**eis**
ão	cidad**ão** por**ão** p**ão**	Substitui-se **ão** por **ãos** Substitui-se **ão** por **ões** Substitui-se **ão** por **ães**	cidad**ãos** por**ões** p**ães**

Alguns substantivos têm a mesma forma no singular e no plural:

o tênis/os tênis   o ônibus/os ônibus

o lápis/os lápis   o tórax/os tórax

Os substantivos **óculos**, **parabéns** e **núpcias** só existem no plural:

> os óculos   os parabéns   as núpcias

 **Fique por dentro!**

Alguns substantivos têm vogal **o** fechada no singular e vogal **o** aberta no plural. Exemplos: osso/ossos; corpo/corpos; ovo/ovos; fogo/fogos; olho/olhos; tijolo/tijolos.

Veja, agora, como se forma o plural de substantivos compostos com hífen.

- Os dois elementos vão para o plural quando é formado por:

    substantivo + substantivo: cartão-postal ⟶ cartões-postais

    substantivo + adjetivo: cachorro-quente ⟶ cachorros-quentes

    adjetivo + substantivo: boa-vida ⟶ boas-vidas

    numeral + substantivo: segunda-feira ⟶ segundas-feiras

- Só o primeiro elemento vai para o plural quando:

    os dois elementos são ligados por preposição:

    cana-de-açúcar ⟶ canas-de-açúcar

- Só o segundo elemento vai para o plural quando é formado por:

    verbo + substantivo: guarda-roupa ⟶ guarda-roupas

    palavras repetidas: tico-tico ⟶ tico-ticos

- Alguns substantivos compostos mantêm a mesma forma. O singular e o plural são indicados pelo artigo quando:

    o segundo elemento termina em **s**: o porta-lápis ⟶ os porta-lápis

Atividades

1 Escreva o plural destes substantivos.

garrafa: .... porco: ....

pai: .... canguru: ....

casebre: .... cachorro: ....

relógio: .... réu: ....

○ Como foi feita a passagem do singular para o plural nessas palavras?

....

2 Escreva o plural dos substantivos e dos artigos correspondentes.

a mulher: .... um avental: ....

um sapato: .... o pires: ....

o troféu: .... o fogão: ....

o inglês: .... um túnel: ....

o canil: .... o fóssil: ....

um boletim: .... o chinês: ....

3 Passe as frases para o plural.

a) Meu irmão me acompanhou.

....

b) O barão e a baronesa jantaram com um amigo.

....

c) O ator e a atriz encenam a peça no teatro da cidade.

....

d) O pão e a bolacha foram vendidos para o jovem.

....

4 Reescreva o texto substituindo o artigo **um** ou **uma** pelo numeral **dois** ou **duas**. **Dica**: faça as mudanças necessárias para manter a concordância.

> Naquele livro de culinária, a receita de brigadeiro leva uma lata de leite condensado, uma colher de margarina, uma lata de creme de leite, um pacote de chocolate granulado e quatro colheres de achocolatado em pó.

diogoppr/Shutterstock

....

....

....

....

5 Reescreva as frases no plural.

a) No hospital infantil há uma criança muito dócil.

....

b) Comemos um pastel delicioso!

....

c) O guarda-florestal trabalha na mata.

....

6 Marque um **X** no plural correto dos substantivos compostos.

a) guarda-chuva

○ guardas-chuvas
○ guarda-chuvas
○ guardas-chuva

b) amor-perfeito

○ amores-perfeitos
○ amores-perfeito
○ amor perfeitos

c) pimenta-do-reino

○ pimentas-do-reinos
○ pimenta-do-reinos
○ pimentas-do-reino

7 Reescreva a frase no singular.

As estrelas-do-mar são animais carnívoros. Elas vivem no fundo dos mares e dos oceanos.

Mircea Bezergheanu/Shutterstock/Imageplus

....

....

8 Leia um texto sobre a água-viva e passe-o para o plural.

Arina P Habich/Shutterstock

Água-viva

É um bicho transparente e gelatinoso que vive no mar. Mas cuidado! Não toque nele: pode queimar.

Almanaque Ruth Rocha, de Ruth Rocha.
São Paulo: Ática, 2009.

....

....

....

9 O que é, o que é? Adivinhe e escreva as respostas. **Dica**: todas as palavras são substantivos usados somente no plural.

a) Período de descanso da escola. ....

b) Calçado usado para correr. ....

c) Sinônimo de casamento. ....

d) Lentes externas para melhorar a visão. ....

e) Palavra que expressa elogio ou cumprimento. ....

e, i

1 Complete as palavras com **e** ou **i**. Use o acento agudo ou circunflexo quando necessário.

doz ....   turn ....

lent ....   pur.............

caf ....   t .... soura

sa ....   mar ....

táx ....   pa ....

bambol ....   aqu ....

inteligent ....   gengibr ....

júr ....   abacax ....

parent ....   molequ ....

.... spelho   sangu ....

sed ....   gerg .... lim

dó ....   cáqu ....

2 Complete as palavras das frases com **e** ou **i**.

a) Ganhei de brind .... um gib .... e um p .... ão.

b) Depois de comer doc .... , escov .... os dent .... s para evitar cári ....

c) Ontem com .... abacax .... com sorvet .... de crem ....

d) Devemos combater o mosquito da dengu .... na cidad ....

Fique por dentro!

Se a palavra for oxítona sem acento, escreva **i**. Se for paroxítona sem acento, escreva **e**.

3 Circule no diagrama oito palavras iniciadas com **es** ou **is**. Depois escreva-as nas colunas abaixo.

```
K  J  Y  I  S  T  O  L  L  E  S  P  I  R  R  O  R  Y  E  L  O  M
N  Q     H  I  A  J  K  L  O  O  C  A  E  V  P  O  I  F  E  P  A
H  L  C  L  O  I  S  Q  U  E  I  R  O  E  E  C  L  S  Y  S  C  H
J  N  W  J  U  L  A  W  G  R  T  I  B  U  R  M  N  C  A  P  M  E
O  E  S  P  E  T  O  U  A  B  D  P  E  E  P  C  Y  A  A  E  C  O
Q  R  A  T  I  N  B  P  R  O  G  N  C  O  N  L  T  I  L  R  L  J
Z  H  N  O  E  A  V  I  S  R  A  E  L  I  T  A  E  N  A  A  Y  U
N  W  Q  P  M  O  D  T  I  R  E  S  Q  U  I  S  I  T  O  E  N  X
```

es	is

4 Complete as palavras escrevendo os prefixos **im-/in-** ou **em-/en-**. Depois, copie-as.

.... caixotar ●——→ ....

.... possível ●——→ ....

.... balar ●——→ ....

.... perdoável ●——→ ....

.... barcar ●——→ ....

.... seguro ●——→ ....

.... sacar ●——→ ....

.... curável ●——→ ....

Fi9ue por dentro! ————————————

Os prefixos **im-** e **in-** dão a ideia de negação. Os prefixos **em-** e **en-** indicam movimento para dentro.

Unidade 2

Grau do substantivo: normal, diminutivo e aumentativo

Capítulo 9

Leia o poema e observe as palavras destacadas.

O capitão sem fim

No mar tem um navio,
No navio, um capitão.
O capitão desce a escada,
A escada vai ao porão;
No porão tem uma **caixa**,
Caixinha e não **caixão**,
Dentro dela, um anel,
De um mágico do Japão
E no jade do anel
Encontra-se, escrita à mão,
A história de um mar,
De um navio e de um capitão,
Que desce por uma escada

Que o conduz ao porão,
Onde existe uma **caixa**,
Caixinha e não **caixão**,
Que tem guardado um anel
De um mágico do Japão.
E no jade do anel
Existe, escrita à mão,
A história e um mar,
De um mar com seu capitão
Que está em um navio...

Tigres no quintal,
de Sérgio Capparelli.
São Paulo: Global, 2014.

Os substantivos podem estar no **grau normal** (caixa), no **grau diminutivo** (caixinha) ou no **grau aumentativo** (caixão).

Para indicar tamanho, podemos variar a forma do substantivo usando-o no **grau aumentativo** ou no **grau diminutivo**.

Em geral, para formar o diminutivo usamos terminações como:

inho → pratinho		**eta** → saleta		**eto** → livreto	
zinha → florzinha		**ico** → burrico		**ejo** → lugarejo	
ito → cabrito		**ebre** → casebre		**acho** → riacho	

Em geral, o grau aumentativo é formado com terminações como:

ão → gatão		**aça** → barcaça		**zão** → paizão	
ona → criançona		**alha** → muralha		**ázio** → copázio	
arra → bocarra		**eirão** → vozeirão		**gão** → amigão	

1 Faça a correspondência numerando corretamente os diminutivos e os aumentativos.

Grau normal	Diminutivo	Aumentativo
1 boca	( ) salinha, saleta	( ) corpão, corpanzil
2 animal	( ) corpinho, corpúsculo	( ) salão
3 sala	( ) boquinha	( ) animalão
4 corpo	( ) vozinha	( ) bocarra, bocão, bocona
5 cão	( ) animalzinho	( ) canzarrão
6 voz	( ) cãozinho	( ) vozeirão

2 Pinte os quadrinhos de acordo com o código.

grau diminutivo   grau aumentativo   grau normal

☐ fogaréu   ☐ riacho   ☐ balão

☐ gotícula   ☐ sineta   ☐ vilarejo

☐ vizinha   ☐ caminho   ☐ sabichão

☐ barcaça   ☐ muralha   ☐ carvão

Fique por dentro!

Nem todos os substantivos terminados em **-inho(a)** ou **-zinho(a)** estão no grau diminutivo. Nem todos os substantivos terminados em **-ão** estão no grau aumentativo.

3 Leia a fala da menina.

> Meu **cãozinho** é também meu **amigão**!

a) O substantivo **cãozinho** dá ideia de:

◯ tamanho.　　◯ afeto, carinho.　　◯ ironia.

b) O substantivo **amigão** dá ideia de:

◯ tamanho.　　◯ afeto, carinho.　　◯ ironia.

4 Complete o quadro. Na segunda coluna, acrescente as palavras **grande**, **enorme** ou **imenso(a)** às palavras no grau normal. Na terceira coluna, dê o aumentativo.

Grau normal		Grau aumentativo
	casa imensa	casarão, casona
cachorro		cachorrão, canzarrão
	nariz enorme	
gato		
		homenzarrão
		chapelão
	muro grande/enorme	

Fique por dentro!

Também podemos formar o aumentativo com as palavras grande, enorme e imenso(a).

5 Leia o poema.

Hora do almoço I – A missão da mãe

Uma colherada,
outra colherada.
Você não comeu nada,
come, meu amor.

Falta só um pouco,
só mais um pouquinho.
Mamãe fez com carinho,
almoça, por favor!

Vai, meu leãozinho,
come só mais essa.
Hum... tá bom à beça!
Que bicho comilão!

Olha o aviãozinho,
abre a portinhola,
anda, não enrola,
come este avião!!

Amigos do peito, de Cláudio Thebas.
Belo Horizonte: Formato, 2008.

a) Copie o substantivo terminado em **-inho** que não está no grau diminutivo.

_____

b) Copie do poema os substantivos que estão no grau diminutivo.

_____

_____

_____

c) Copie os substantivos terminados em **-ão** que não estão no grau aumentativo.

_____

6 Complete com o substantivo destacado no grau normal e acrescente as palavras **pequeno(a)** ou **minúsculo(a)**.

a) Uma **gotícula** é uma _____.

b) Um **chapeuzinho** é um _____.

c) Um **botãozinho** é um _____.

d) Uma **maleta** é uma _____.

Ortografia

-inho(a)/-zinho(a)

1 Leia esta tirinha.

OI, OI, MARGARIDINHAZINHA. VOCÊ QUERIA UMA AGUINHA?

OH, DÁRDI, ARDI.

SE VOCÊ FALAR MACIO COM AS PLANTAS, GARFIELD, ELAS CRESCEM MELHOR.

NÃO DIGA.

© 1983 PAWS, INC. All Rights Reserved. 8-14

Garfield, Jim Davis © 1983 Paws, Inc. All Rights Reserved / Dist. Universal Uclick

Garfield: um gato em apuros, de Jim Davis. Porto Alegre: L&PM, 2009.

a) No primeiro quadrinho há uma palavra com dois sufixos de diminutivo.

 o Qual é essa palavra? ....

 o Quais são os sufixos? ....

b) Copie do primeiro quadrinho outra palavra no diminutivo.

....

 o O personagem usou essas palavras no diminutivo para expressar:

 ◯ afeto, carinho. ◯ ironia. ◯ grosseria.

2 Complete as frases com o diminutivo das palavras do quadro.

> vaso   pão   mesa   anel   avó   blusa

a) Gabriela colocou seu .... sobre a ....

b) A .... de Luísa tem a ilustração de um .... de flores.

c) Vítor comprou .... na padaria e levou para sua

....

3 Leia os verbetes.

carinho (ca-ri-nho) *substantivo* Sentimento de afeto e de ternura.
farinha (fa-ri-nha) *substantivo* Pó feito quando se moem alguns cereais ou raízes.

Dicionário Saraiva Júnior: dicionário da língua portuguesa. São Paulo: Saraiva, 2009.

a) Marque um **X** na opção correta.

Os substantivos **carinho** e **farinha** estão no grau:

◯ diminutivo.   ◯ normal.   ◯ aumentativo.

b) Escreva outras palavras terminadas em **-inho(a)** ou **-zinho(a)** que não estejam no grau diminutivo. Forme frases com essas palavras.

....

....

....

....

....

....

....

4 Escreva as palavras no grau diminutivo.

flor: ....   sertão: ....

limão: ....   varal: ....

asa: ....   pão: ....

irmã: ....   suco: ....

livro: ....   casa: ....

avião: ....   amor: ....

Unidade 2

Leia um trecho da sinopse do filme **Up!: Altas aventuras**.

Carl Fredricksen é um vendedor **de** balões que, aos 78 anos, está prestes **a** perder a casa **em** que sempre viveu **com** sua esposa, a falecida Ellie. O terreno onde a casa fica localizada interessa **a** um empresário, que deseja construir no local um edifício. Após um incidente **em** que acerta um homem **com** sua bengala, Carl é considerado uma ameaça pública e forçado **a** ser internado **em** um asilo. Para evitar que isso aconteça, ele enche milhares de balões **em** sua casa, fazendo **com** que ela levante voo. […]

Disponível em: <www.adorocinema.com/filmes/filme-130368/>. Acesso em: 30 out. 2015. (Texto adaptado).

Cada palavra destacada no texto liga dois termos entre si, isto é, liga a palavra que vem antes dela à palavra que vem depois. Essas palavras são chamadas de **preposições**.

Veja outros exemplos.

livro **de** contos
> preposição

viver **em** harmonia
> preposição

sair **com** os amigos
> preposição

> **Preposição** é uma palavra invariável que serve para ligar outras palavras, estabelecendo uma relação entre elas.

Conheça as principais preposições da língua portuguesa.

a	até	de	entre	perante	sob
ante	com	desde	para	por	sobre
após	contra	em	per	sem	trás

Locução prepositiva

A função de ligar palavras pode ser desempenhada por mais de uma palavra. Tem-se, nesse caso, uma **locução prepositiva**. Veja os exemplos:

> A temperatura hoje deve estar **abaixo de** zero.
>
> Foi ao cinema **em vez de** ir para casa.

 Locução prepositiva é o grupo de duas ou mais palavras que têm a função de preposição.

Conheça algumas locuções prepositivas.

depois de	abaixo de	de acordo com	atrás de
por causa de	a fim de	além de	em vez de
ao redor de	a respeito de	através de	por meio de

Leia a frase.

> Passear **numa** linda carruagem.
>
> **em** (preposição) + **uma** (artigo)

As preposições **a**, **de**, **em** e **per** podem unir-se a artigos, pronomes e advérbios, formando outras palavras. Veja.

> **Combinação** – união de preposição com outra palavra, sem perda de fonema. Exemplo: **a** (preposição) + **as** (artigo) ●→ **às**
>
> **Contração** – união de preposição com outra palavra, com perda de fonema. Exemplo: **de** (preposição) + **o** (artigo) ●→ **do**

Conheça algumas combinações e contrações.

Preposição + artigo	Preposição + pronome demonstrativo	Preposição + advérbio
a + a ●→ à	a + aquela ●→ àquela	
a + o ●→ ao	a + aquele ●→ àquele	a + onde ●→ aonde
de + a ●→ da	de + esta ●→ desta	de + onde ●→ donde
em + o ●→ no	de + esse ●→ desse	de + aqui ●→ daqui
per + a ●→ pela	em + aquela ●→ naquela	de + ali ●→ dali

Atividades

1 Complete as frases com preposições. **Dica**: em algumas frases o sentido pode ser dado por mais de uma preposição.

a) Falei tudo _____ o meu amigo.

b) O livro está _____ a mesa da sala.

c) Amanhã irei à escola _____ uniforme.

d) Você acredita _____ fantasmas?

e) Gosto _____ ler contos _____ terror.

2 Use as expressões do quadro para completar as frases.

> embaixo do   antes da   através do

a) Observamos o jardim _____ vidro da janela.

b) Escondi a chave _____ tapete.

c) Irei à sua casa _____ aula.

o Complete a informação.
   As expressões que você escreveu são _____.

3 Complete as frases com as contrações da preposição com os artigos ou pronomes indicados.

a) Eu gostei muito _____ roupa. (de + esta)

b) Estudei _____ Espanha por dois anos. (em + a)

c) As crianças gostavam _____ histórias contadas pela avó. (de + as)

d) O jogo vai ser _____ mesmo estádio _____ último campeonato. (em + aquele)/(de + o)

4 Leia a fábula e complete as lacunas com as preposições e contrações do quadro.

pela	a	para	de	no	em

A raposa e as uvas

A raposa vinha _____ estrada quando viu uma parreira carregada _____ suculentas uvas vermelhas.

"Essas uvas já estão _____ papo" — pensou.

Doce ilusão. A raposa tentou _____ tudo, mas os cachos estavam tão altos que não conseguiu apanhar um bago que fosse.

Matreira, ela comentou _____ quem quisesse ouvir:

— Reparando bem, essas uvas estão muito verdes. Raposas não comem uvas verdes, pois dão dor _____ barriga.

E foi embora.

Quando já tinha percorrido algumas léguas, um vento forte começou _____ soprar. Então a raposa voltou depressinha e pôs-se _____ farejar o chão _____ busca _____ bagos _____ uva.

Quem desdenha quer comprar.

Fábulas de Esopo, de Jean de La Fontaine. Adaptação de Lúcia Tulchinsky. São Paulo: Scipione, 2010.

5 Numere a segunda coluna de acordo com o que a preposição **de** indica.

Fique por dentro!

A mesma preposição pode indicar ideias diferentes.

1	posse	( ) Ganhei um anel **de** ouro.
2	origem	( ) Este lápis é **de** Paula.
3	matéria	( ) Tremia **de** frio.
4	causa	( ) Vim **de** Portugal.

Ortografia

traz/trás/atrás

Leia o texto.

> **Atrás** da árvore, o Lobo espiava Chapeuzinho Vermelho. De repente, ele se aproximou e, por **trás** dela, perguntou:
>
> O que você **traz** nessa cesta, menina?

atrás (advérbio) → indica lugar (é o mesmo que detrás) ou anteriormente no tempo.
trás (advérbio) → também indica lugar e há sempre uma preposição antes dele.
traz (forma do verbo **trazer**) → significa 'transportar para cá'.

1 Complete as frases com **trás**, **atrás** ou **traz**.

a) Você vai pela frente do colégio? Eu vou por .... Vamos ver quem chega antes!

b) Mamãe me .... à escola todos os dias.

c) Crianças devem se sentar no banco de .... do carro.

d) O gatinho se escondeu .... da estante.

e) A aluna nova .... fruta de casa todos os dias.

f) O carteiro .... as correspondências e as coloca no porta--cartas.

g) Eu estudava em outra escola até dois anos ....

2 Escreva uma frase com as locuções prepositivas:

a) atrás de

....

....

b) por trás de

....

....

....

3 Pesquise em jornais ou revistas textos em que apareçam as palavras **atrás**, **trás** ou **traz**. Escolha um e copie-o ou cole-o abaixo. Não se esqueça de escrever a fonte completa de onde você retirou o texto.

Crase

Leia um trecho do texto da **Declaração dos Direitos da Criança**.

> As crianças têm direito **à** vida, **a** um nome e **a** uma nacionalidade.
>
> As crianças têm direito **à** educação gratuita.
>
> As crianças têm direito de brincar e de se divertir.
>
> [...]
>
> As crianças têm direito **a** cuidados especiais em caso de deficiência física.
>
> As crianças têm direito ao amor, **à** compreensão e **à** proteção.
>
> **Viva a cidadania!**, de Sylvie Girardet. São Paulo: Companhia Editora Nacional, 2007.

Observe.

direito **à** vida ⟷ direito **a**   **a** vida (substantivo feminino)

preposição + artigo

Quando duas vogais **a** se fundem, temos uma **crase**.

> **Crase** é a fusão de duas vogais iguais: **a + a**.
> Na escrita, indicamos a crase com o **acento grave** (`).

A crase ocorre quando a preposição **a** se junta:

- ao artigo **a(s)**. Exemplos:

> "As crianças têm direito **à** educação gratuita."

- aos pronomes demonstrativos **aquele(s)**, **aquela(s)** e **aquilo**.

> Fui **àquele** cinema ontem.

Veja os principais casos em que ocorre crase:

- antes de substantivo feminino precedido da preposição **a** e do artigo **a**;

  > Os alunos foram **à** escola de ônibus.

- antes de numeral que indica horas;

  > O museu está aberto para visitação das 9 **às** 18 horas.

- antes de expressões femininas;

  > **à** direita, **à** esquerda, **à** noite, **à** tarde, **às** pressas, **às** vezes, etc.

- antes de nomes de países e estados que admitem artigo feminino **a**.

  > Vamos à Indonésia e à Bahia.

Veja alguns casos em que **não** ocorre crase:

- antes de substantivos masculinos;

  > Fomos **a** pé até o parque.

- antes de pronomes pessoais;

  > Entregarei o dinheiro **a** ela/**a** você/**a** Vossa Senhoria.

- antes de pronomes demonstrativos;

  > Deram **a** esta atriz o papel principal da peça.

- antes de verbos no infinitivo;

  > O lixo da escola será reciclado **a** partir de amanhã.

- antes de nomes de países e estados que não admitem artigo feminino e antes de nomes de cidades;

  > Vou **a** Portugal, **a** Rondônia e **a** Recife.

- antes de nomes repetidos.

  > pouco **a** pouco, frente **a** frente, cara **a** cara, dia **a** dia, etc.

Atividades

1. Coloque o acento grave indicativo de crase onde for necessário.

   a) Pedi uma informação a secretária.

   b) Para chegar ao parque, vire a direita.

   c) Marcos foi a aula.

   d) Amanhã iremos a Campinas.

   e) O garçom levou o lanche a mesa dos clientes.

   f) Compramos os móveis para pagamento a prazo.

2. Leia as frases. Depois escreva por que ocorre ou não a crase diante das palavras destacadas. Veja o exemplo.

   Às duas horas irei **à livraria** pegar o livro que encomendei.

   às duas horas: ocorre crase antes de numeral que indica horas.

   à livraria: ocorre crase antes de substantivo feminino precedido da preposição **a** e do artigo **a**.

   a) Em suas andanças pelo Brasil, você foi **a Minas Gerais** mas não foi **à Bahia**?

      a Minas Gerais: ....

      ....

      à Bahia: ....

      ....

   b) Darei parabéns **a você** pela manhã.

      a você: ....

   c) Gosto de caminhar; por isso vou **à escola a pé**.

      à escola: ....

      a pé: ....

3 Leia as falas e faça como no exemplo.

VIM DA COZINHA.

VOU À COZINHA.

a) Vim da Amazônia. ....

b) Vim da feira. ....

c) Vim da Itália. ....

d) Vim da lanchonete. ....

4 Complete as frases com **a**, **à** ou **às**. Preste atenção na palavra que vem depois da lacuna.

a) Nunca mais voltarei .... este lugar horrível.

b) Sairemos da escola .... 15 horas.

c) Nada tenho .... dizer sobre este assunto.

d) Emprestei .... ele o meu *skate*.

e) .... vezes saio com meus pais .... tarde ou .... noite.

f) Fui almoçar perto de casa e voltei .... pé.

5 Use o acento grave indicativo de crase quando necessário.

a) Helena entregou a professora o cartaz que havia feito.

b) Leonardo anda a cavalo na chácara em que mora.

c) Nós iremos a praia no final de semana.

d) Este quadro de Van Gogh foi pintado a óleo.

e) Aquela casa está a venda.

f) Eduardo foi a Portugal, enquanto Fernando foi a Inglaterra.

Ortografia

onde/aonde

Leia as frases.

QUE LINDO SAPATO! **ONDE** VOCÊ COMPROU?

AONDE VOCÊ FOI HOJE?

Compare.

onde → em que lugar?

comprou → verbo que não indica movimento nem exige a preposição **a**

> **Onde** é usado com verbo que não indica movimento e não exige a preposição **a**.

aonde → para onde, para qual lugar?

ir → verbo que indica movimento e exige a preposição **a** (a + onde → aonde)

> **Aonde** é usado com verbo que indica movimento e exige a preposição **a**.

1 Complete as frases com **onde** ou **aonde**. Preste atenção nos verbos destacados.

a) .... você **foi** domingo passado?

b) Diga-me .... você **viu** minha bicicleta.

c) A cidade .... **nasci** está em festa.

d) Conte-me .... você **quer chegar**.

2 Complete as perguntas com **onde** ou **aonde**. Observe as respostas.

a) .... você vai tão bonita?

Vou a uma festa.

b) .... você encontrou esse livro?

Encontrei na biblioteca da escola.

c) .... fica o clube?

É logo ali, depois da padaria.

d) .... vão aquelas pessoas?

Vão ao restaurante para almoçar.

e) .... você nasceu?

Nasci em Pernambuco.

f) .... você mora?

Moro no Rio de Janeiro.

3 Escreva uma frase com **onde** e uma com **aonde**.

....

....

4 Leia a tirinha.

As melhores tiras da Mônica, de Mauricio de Sousa. São Paulo: Panini Books, 2008.

o Explique por que, no primeiro quadrinho, Magali usou a palavra **aonde**.

....

Ideias em ação

Você sabe quem foi Carlos Drummond de Andrade? Já leu algo escrito por ele?

Observe a imagem da estátua do escritor, no Rio de Janeiro, e um cartaz deixado ao lado dela.

Estátua em homenagem a Carlos Drummond de Andrade no calçadão da praia de Copacabana, na cidade do Rio de Janeiro.

Carlos Drummond de Andrade nasceu na cidade de Itabira, em Minas Gerais, em 1902.

Formou-se em Farmácia, mas nunca exerceu a profissão.

Estreou na literatura em 1930, com a obra **Alguma poesia**.

É considerado um de nossos maiores poetas e cronistas.

Faleceu no Rio de Janeiro, em 1987.

Agora, responda:

a) Qual foi o sinal de pontuação usado no final do texto que o cartaz exibe?

....

b) O conteúdo do cartaz está escrito em 1ª pessoa, como se o próprio poeta estivesse dizendo aquilo. Qual é sua maior queixa e seu verdadeiro desejo?

....

....

....

....

c) Quais são os dois substantivos que aparecem no cartaz?

....

d) Esses substantivos são:

◯ concretos.　　　　　　　◯ próprios.

◯ abstratos.　　　　　　　◯ comuns.

e) Escreva frases sobre a imagem que tenham pelo menos:

о um substantivo próprio que indique um lugar;

....

о um substantivo comum concreto;

....

о um substantivo abstrato.

....

....

Unidade 3

Adjetivo e locução adjetiva

Leia este poema.

Cidadania é quando...

... Sinto vontade
De repartir
Com quem tem fome
O pão gostoso
Que estou comendo

Sou companheiro
Do mundo inteiro!

Cidadania é quando..., de Nílson José Machado. São Paulo: Escrituras, 2001.

Observe.

O	pão	**gostoso**
artigo	substantivo	adjetivo

A palavra **gostoso** expressa uma característica, uma qualidade do substantivo **pão**. Por isso, **gostoso** é um **adjetivo**.

> **Adjetivos** são palavras que atribuem qualidades, características aos substantivos.

Às vezes, o papel de adjetivo é desempenhado por mais de uma palavra, ou seja, por uma expressão. Veja:

Bolo **com recheio** de frutas é uma delícia.

Observe.

com recheio →	**recheado**
locução adjetiva	adjetivo

Africa Studio/Shutterstock

> **Locução adjetiva** é uma expressão formada por duas ou mais palavras que equivale a um adjetivo.

Fique por dentro!

Muitas locuções adjetivas têm seu adjetivo correspondente.
Exemplo: carne **de boi** ➛ carne **bovina**.

Veja outros exemplos.

Locução adjetiva	Adjetivo
de mãe	materno
de irmão	fraterno
da tarde	vespertina
de manhã	matinal
do povo	popular
do sertão	sertaneja
de gelo	glacial

● Adjetivo pátrio

Rick Gomez/Blend Gomez/Getty Images

EU NASCI NO BRASIL.
SOU **BRASILEIRA**.

Adjetivo pátrio é aquele
que indica a nacionalidade ou o
lugar de origem de um ser.

Veja alguns adjetivos pátrios.

Lugar de origem	Adjetivo pátrio
Brasil	brasileiro
Bolívia	boliviano
Japão	japonês
Minas Gerais	mineiro
Maranhão	maranhense

Atividades

1 Muitos adjetivos podem caracterizar uma pessoa. Leia as falas.

EU SOU **ALEGRE** E **BRINCALHONA**.

Rafa Elias/Getty Images

ÀS VEZES SOU **PREGUIÇOSO**.

Nataliia Zhekova/Shutterstock

SOU **SOLIDÁRIA**. SEMPRE AJUDO QUEM PRECISA.

Justin Lewis/The Image Bank/Getty Images

o Agora escreva uma frase com dois adjetivos que caracterizam você.

....

2 Leia o texto.

Você sabia?

A culinária alemã é composta de pratos fortes, preparados com batatas, repolho, gordura e carne de porco, ideais para o clima frio. Os peixes dos rios, como a truta e o salmão, são cozidos e servidos com manteiga. A Alemanha também é famosa por seus doces delicados, como o *strudel* e o bolo Floresta Negra.

bonchan/Shutterstock

Um tico-tico no fubá: sabores da nossa história, de Gisela Tomanik Berland. São Paulo: Companhia Editora Nacional, 2005.

a) Identifique os adjetivos do texto que se referem aos seguintes substantivos.

culinária: .... clima: ....

pratos: .... doces: ....

o Qual dos adjetivos que você escreveu é pátrio? Por quê?

....

....

b) Escreva a locução adjetiva do texto que se refere ao substantivo **carne**. Depois complete com o adjetivo correspondente.

carne .... ⟶ carne ....

3 Observe esta tela.

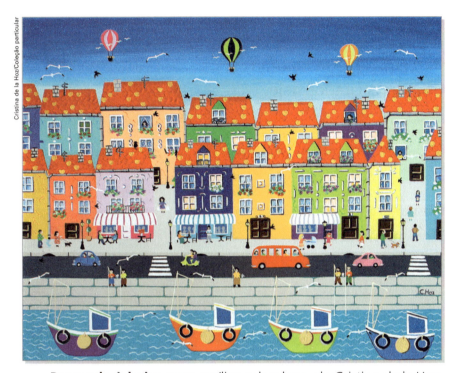

Pescando à beira-mar, acrílico sobre lona, de Cristina de la Hoz.

Com base na pintura, caracterize cada substantivo abaixo com um adjetivo.

o casas ....

o barcos ....

o balões ....

o cidade ....

o céu ....

o pássaros ....

Fique por dentro!
Cores também são adjetivos.

4 Identifique e circule as locuções adjetivas nas frases.

a) Aprendi a fazer um barco de papel.

b) Saímos pela porta do lado e ninguém nos viu.

c) Ganhei uma bicicleta de alumínio no meu aniversário.

d) O pastor-alemão é um bom cão de guarda.

5 Leia um trecho da letra de uma canção de Chico Buarque. Depois circule os adjetivos pátrios citados nele.

Paratodos

[...]
O meu pai era paulista
Meu avô, pernambucano
O meu bisavô, mineiro
Meu tataravô, baiano
Vou na estrada há muitos anos
Sou um artista brasileiro

Chico Buarque. **Paratodos** (CD). Marola Edições Musicais Ltda., 1993.

○ Agora escreva os locais correspondentes aos adjetivos pátrios que você circulou.

_____

_____

_____

6 Qual é o adjetivo pátrio de quem nasce:

a) em Salvador? ....

b) em Curitiba? ....

c) em Manaus? ....

d) em Alagoas? ....

e) em Cuiabá? ....

7 Encontre seis adjetivos no diagrama e circule-os.

I	N	F	A	N	T	I	S	K	R	K	R	H	J	K	I
E	H	T	N	G	H	A	S	J	R	O	B	V	E	C	F
Q	R	T	S	X	T	H	L	M	A	R	Í	T	I	M	A
S	N	R	T	V	I	N	F	A	N	T	I	S	A	K	J
G	R	T	P	R	N	H	B	M	E	N	S	A	L	N	H
T	D	E	S	C	F	U	W	Q	K	O	L	P	N	B	G
B	R	A	S	I	L	E	I	R	A	B	G	H	I	O	P
G	B	T	E	Q	A	S	L	O	P	B	A	É	R	E	A
T	E	A	T	R	A	L	P	I	Y	N	H	T	G	S	E

o Agora reescreva as frases substituindo as locuções adjetivas destacadas pelos adjetivos que você encontrou.

a) Uma peça **de teatro** será apresentada na escola.

....

b) A bandeira **do Brasil** é um dos símbolos da pátria.

....

c) A viagem **de avião** é mais rápida que a viagem **por mar**.

....

d) Os trabalhadores recebem um salário **por mês**.

....

e) As roupas **de criança** estão muito caras.

....

No dia a dia

Observe as bandeiras de todos os estados do Brasil e do Distrito Federal e escreva o adjetivo pátrio correspondente a cada local.

Fonte: IBGE.

Acre
....

Alagoas
....

Amapá
....

Amazonas
....

Bahia
....

Ceará
....

Distrito Federal
....

Espírito Santo
....

Goiás
....

Maranhão
....

Mato Grosso
....

Mato Grosso do Sul
....

Fonte: IBGE.

Minas Gerais

Pará

Paraíba

Paraná

Pernambuco

Piauí

Rio de Janeiro

Rio Grande do Norte

Rio Grande do Sul

Rondônia

Roraima

Santa Catarina

São Paulo

Sergipe

Tocantins

Ortografia

-oso, -osa; -ês, -esa; -ense

Veja.

gatinho preguiçoso

gatinha preguiçosa

As palavras **preguiçoso** e **preguiçosa** são **adjetivos**.

Os adjetivos terminados em **-oso** e **-osa** originam-se de substantivos. **Preguiçoso** indica aquele que tem **preguiça**.

Fique por dentro!

A pronúncia da vogal **o** no adjetivo masculino singular é fechada (lemos "preguiçôso"). A pronúncia da vogal **o** no adjetivo masculino plural e no feminino singular é aberta (lemos "preguiçósos" e "preguiçósa").

1 Complete as frases.

a) Quem faz **caridade** é ....

b) O que tem **gosto** bom é ....

c) Quem trata os outros com **amor** é ....

2 Faça a correspondência entre os substantivos e os adjetivos numerando a segunda coluna.

1 meninas   ◯ famosa

2 garoto   ◯ corajosas

3 cantora   ◯ cuidadosos

4 pais   ◯ generoso

Capítulo 1 – Adjetivo e locução adjetiva

3 Complete com o adjetivo no masculino ou no feminino.

a) menino português   menina ....

b) homem ....   mulher inglesa

c) professor espanhol   professora ....

d) senhor ....   senhora escocesa

e) amigos chineses   amigas ....

Fique por dentro!

A terminação dos adjetivos pátrios em **-ês** e **-esa** escreve-se sempre com **s**. Somente no masculino singular essas palavras são acentuadas.

4 Circule no diagrama cinco palavras terminadas em **-ense**.

T	E	R	E	S	I	N	E	N	S	E	R	H	J	K	I
T	E	P	M	A	C	A	P	A	E	N	S	E	E	C	F
Q	R	E	C	I	F	E	N	S	E	R	Í	P	O	N	A
S	N	R	T	V	I	N	F	P	A	L	M	E	N	S	E
G	R	T	E	M	A	C	E	I	O	E	N	S	E	N	H

o Agora complete as frases com as palavras encontradas.

a) Joana nasceu em Teresina. Ela é ....

b) Marcos nasceu em Recife. Ele é ....

c) Débora nasceu em Palmas. Ela é ....

d) Antônio nasceu em Maceió. Ele é ....

e) Leandra nasceu em Macapá. Ela é ....

Fique por dentro!

A terminação dos adjetivos pátrios em **-ense** é escrita sempre com **s**. Os adjetivos com esse sufixo têm a mesma forma no masculino e no feminino.

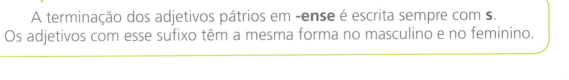

De olho no dicionário

Observe os verbetes desta página de dicionário.

ma.jo.rar *v.t.* Tornar maior; aumentar. ⇨ **majoração** *s.f.*; **majorado** *adj.*

ma.jo.ri.tá.rio *adj.* Relativo a ou em que há maioria; predominante. Antôn.: *minoritário*.

mal *s.m.* 1. O que se opõe ao bem. 2. Malefício. 3. Dor ou doença. 4. Aquilo que prejudica, é nocivo, causa dano. *Adv.* 5. De modo mau, irregular. 6. Apenas; com esforço; mal e mal. 7. Pouco. 8. Com rudeza ou grosseria. *Conj.* 9. Logo que; apenas.

ma.la *s.f.* Saco de couro, pano ou plástico, ou caixa de madeira revestida de pano ou lona, para transporte de roupas e objetos em viagem.

ma.la.ba.ris.mo *s.m.* 1. Agilidade; destreza. 2. Exercício que exige muita agilidade ou destreza. ⇨ **malabarista** *adj.2g.* e *s.2g.*

mal.-a.ca.ba.do *adj.* Malfeito; imperfeito. Pl.: *mal-acabados*.

ma.la.ca.che.ta [ê] *s.f.* Mica.

mal.-a.for.tu.na.do *adj.* Infeliz; mal-aventurado; desafortunado. Pl.: *mal-afortunados*.

mal.-a.gra.de.ci.do *adj.* Ingrato; desagradecido. Pl.: *mal-agradecidos*.

ma.la.gue.nha *s.f.* Canção e dança espanhola.

ma.la.gue.nho *adj.* 1. De Málaga (Espanha). *S.m.* 2. O natural ou habitante de Málaga.

ma.la.gue.ta [ê] *s.f.* Espécie de pimenta muito ardida.

ma.lai.o *adj.* e *s.m.* 1. Malásio. *S.m.* 2. A língua falada pelos malaios.

mal.-a.jam.bra.do *adj.* Malvestido. Pl.: *mal-ajambrados*.

ma.lan.dra.gem *s.f.* 1. Ação ou vida de malandro; malandrice. 2. Súcia de malandros.

ma.lan.dri.ce *s.f.* Ação, qualidade ou vida de malandro.

ma.lan.dro *adj.* e *s.m.* 1. Indivíduo vadio, que vive de expedientes; velhaco. 2. Indivíduo preguiçoso; mandrião.

ma.lar *adj.2g.* 1. Relativo à maçã do rosto. *S.m.* 2. (Anat.) Osso malar.

ma.lá.ria *s.f.* (Pat.) Infecção transmitida por certo mosquito e caracterizada por febre intermitente. Sinôn.: *maleita, paludismo* ou *impaludismo, sezão*.

mal.-ar.ran.ja.do *adj.* Malvestido. Pl.: *mal-arranjados*.

ma.lá.sio *adj.* 1. Da Malásia (região da Ásia). *S.m.* 2. O natural ou habitante dessa região. Var.: *malaio*.

mal.-as.som.bra.do *adj.* Em que (sítio) aparecem fantasmas, almas do outro mundo, etc. Pl.: *mal-assombrados*.

ma.lau.i.a.no *adj.* 1. De Malauí ou Malavi (África). *S.m.* 2. O natural ou habitante desse país. Var.: *malaviano*.

mal.-a.ven.tu.ra.do *adj.* Infeliz; desventurado. Pl.: *mal-aventurados*.

ma.la.vi.a.no *adj.* e *s.m.* Malauiano.

mal.-a.vin.do *adj.* Desavindo. Pl.: *mal-avindos*. Antôn.: *bem-avindo*.

mal.ba.ra.tar *v.t.* Gastar; empregar mal; dissipar; desperdiçar. ⇨ **malbaratado** *adj.*; **malbaratador** *adj.* e *s.m.*

mal.ba.ra.to *s.m.* Ação ou efeito de malbaratar; desperdício; dissipação.

mal.chei.ro.so [ô] *adj.* Que tem mau cheiro; fedorento.

mal.cri.a.ção *s.f.* Ação, dito ou qualidade de malcriado; malcriadeza. Var.: *má-criação*.

mal.cri.a.de.za *s.f.* Malcriação.

mal.cri.a.do *adj.* e *s.m.* Mal-educado; descortês; grosseiro. Antôn.: *bem-criado*.

mal.da.de *s.f.* 1. Qualidade ou ato de mau; crueldade; ruindade. 2. Malícia.

mal.dar *v.t.,int.* 1. Fazer mau juízo. 2. Maldizer.

mal.di.ção *s.f.* 1. Ação ou efeito de maldizer. 2. Praga. 3. Desgraça, calamidade.

mal.di.to *adj.* Que se amaldiçoou; amaldiçoado.

mal.di.va.no *adj.* e *s.m.* Maldívio.

mal.di.vi.a.no *adj.* e *s.m.* Maldívio.

mal.di.vio *adj.* 1. Das Maldivas (Ásia). *S.m.* 2. O natural ou habitante desse país. 3. O idioma maldívio. Var.: *maldivo; maldivano; maldiviano*.

mal.di.vo *adj.* e *s.m.* Maldívio.

mal.di.zen.te *adj.2g.* e *s.2g.* (Pessoa) que fala mal dos outros. Var.: *maledicente*.

mal.di.zer *v.t.* 1. Amaldiçoar; praguejar contra. 2. Lastimar-se; murmurar. *Int.* 3. Falar mal de alguém. Antôn.: *bendizer*.

mal.do.so [ô] *adj.* Que tem ou em que há maldade.

ma.le.ar *v.t.* 1. Converter (metal) em lâmina. 2. Tornar dócil, flexível (caráter, temperamento, etc.)

ma.le.á.vel *adj.2g.* 1. Flexível; amoldável; dúctil. 2. (fig.) Dócil; compreensivo. ⇨ **maleabilidade** *s.f.*

ma.le.di.cên.cia *s.f.* Qualidade de maldizente; murmuração; difamação.

ma.le.di.cen.te *adj.2g.* e *s.2g.* Maldizente. Superl. abs. sint.: *maledicentíssimo*.

mal.-e.du.ca.do *adj.* e *s.m.* Malcriado; grosseiro. Pl.: *mal-educados*. Antôn.: *bem-educado*.

ma.le.fi.cio *s.m.* 1. Ação que faz mal; dano; prejuízo. 2. Sortilégio; bruxaria.

ma.lé.fi.co *adj.* Que faz ou tende a fazer mal; maligno. Superl. abs. sint.: *maleficentíssimo*. Antôn.: *benéfico*.

Minidicionário Luft, de Celso Pedro Luft. São Paulo: Ática, 2009.

1 Que palavras de referência foram usadas nessa página?

....

2 Qual é a classe gramatical dessas palavras?

....

3 Para economizar espaço, usam-se muitas abreviaturas no dicionário. Observe:

> adj. ●→ adjetivo
> s.m. ●→ substantivo masculino
> fig. ●→ figurado

a) Quantos adjetivos foram explicados nessa página?

....

b) Que verbetes dessa página apresentam a terminação **-oso**? Copie as palavras e a abreviatura que as acompanha.

....

c) Quantos significados há para essas palavras?

....

d) O que significa a indicação **fig.** no sentido 2 do verbete **maleável**?

....

....

e) Escolha um adjetivo terminado em **-oso** e outro terminado em **-osa** e escreva duas frases, usando-os em sentido figurado.

....

....

....

....

Concordância nominal

Leia a sinopse do livro **Menina bonita do laço de fita**, de Ana Maria Machado, e observe o trecho destacado.

Uma linda menina negra desperta a admiração de um coelho branco, que deseja ter uma filha tão pretinha quanto ela. Cada vez que ele lhe pergunta qual o segredo de sua cor, ela inventa uma história. O coelho segue todos os "conselhos" da menina, mas continua branco.

Catálogo de literatura infantil e informativos Ática/Scipione, 2016.

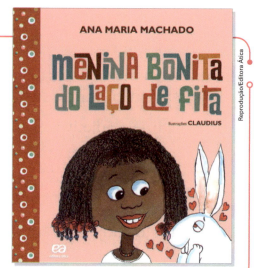

Veja.

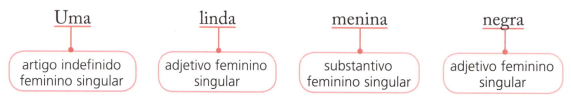

Uma	linda	menina	negra
artigo indefinido feminino singular	adjetivo feminino singular	substantivo feminino singular	adjetivo feminino singular

Os adjetivos concordam em gênero (masculino ou feminino) e número (singular ou plural) com os substantivos a que se referem. A esse processo damos o nome de **concordância nominal**.

Quanto ao gênero, o adjetivo pode apresentar:

- uma forma para o masculino e outra para o feminino. Exemplos:

   Paulo é um menino **estudioso**.

   Marta é uma menina **estudiosa**.

- uma única forma para o masculino e para o feminino. Exemplos:

   Um menino **alegre**.

   Uma turma **alegre**.

1 Reescreva as frases, passando para o plural os substantivos e os adjetivos destacados, fazendo a concordância. Veja o exemplo.

> A **prova** foi **fácil**.
> As provas foram fáceis.

a) Este **bolo delicioso** foi feito pela minha vizinha.

....

b) Um **cantor famoso** fará *show* no Brasil.

....

c) Aquele bairro tem uma **casa antiga**.

....

2 Marque um **X** no adjetivo que concorda com os substantivos dados.

a) sala e quarto ⬭ limpo ⬭ limpa ⬭ limpos

b) alimento ⬭ saborosas ⬭ saborosos ⬭ saboroso

c) filhas e filhos ⬭ educados ⬭ educado ⬭ educadas

d) animal ⬭ esperta ⬭ esperto ⬭ espertos

3 Complete o texto com artigos, substantivos ou adjetivos que concordem com as palavras destacadas.

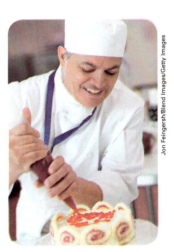

.... **confeiteiro** ....

faz **bolos** .... Ele também

faz .... **saborosos**.

Ontem ele comprou um **livro** ....

com **receitas** ....

4 Reescreva as expressões, passando-as para o masculino plural. Depois crie uma frase com cada expressão que você escreveu.

a aluna estudiosa – ....

....

a mulher simpática – ....

....

a jovem teimosa – ....

....

a filha obediente – ....

....

5 Leia o título de um artigo de jornal.

Folhapress

Se eu fosse o mar...

... seria instável: ora manso e afetuoso, ora bem nervoso!

Folha de S.Paulo, São Paulo, 5 dez. 2009. Folhinha.

Fique por dentro!

Alguns adjetivos são **uniformes**, ou seja, têm uma única forma para o masculino e o feminino.

a) Identifique, no título, o adjetivo que tem uma única forma para o masculino e o feminino.

....

b) Que adjetivos estão na forma masculina?

....

c) Se trocássemos o substantivo **mar** por **lagoa**, como ficariam os adjetivos?

....

6 Reescreva as expressões, passando-as para o feminino singular.

os cantores talentosos – ....

os cidadãos voluntários – ....

os meninos brincalhões – ....

7 Leia a tirinha.

Mônica tem uma novidade!, de Mauricio de Sousa. Porto Alegre: L&PM, 2009.

a) Em **cão feroz**, o substantivo está no gênero:

◯ feminino.   ◯ masculino.

b) Em **menina feroz**, o substantivo está no gênero:

◯ feminino.   ◯ masculino.

o Agora complete.

O adjetivo .... permanece igual nas duas expressões

porque possui uma única forma para o gênero ....

e para o gênero ....

8 Junte as duas frases em uma, fazendo a concordância. Veja o exemplo.

> Iara é esperta. Carlos é esperto.
> Iara e Carlos são espertos.

Fique por dentro!

O adjetivo, quando se refere a um substantivo masculino e a outro feminino, vai para o masculino plural.

a) Felipe está zangado. Bruna está zangada.

....

b) O livro é novo. A revista é nova.

....

c) O brinquedo está guardado. A mochila está guardada.

....

Ortografia

Particularidades da concordância nominal

Veja o diálogo.

A palavra **obrigado** concorda com a pessoa que fala.

1 Complete as frases com os adjetivos dos quadros.

| obrigado   obrigados | obrigada   obrigadas |

a) Às vezes, as pessoas são _____ a fazer o que não querem.

b) Marta agradeceu: "Muito _____ pelo presente!".

c) Todo cidadão é _____ a pagar impostos.

d) Eles foram _____ a deixar o pátio por causa da chuva.

2 Leia a frase.

> O pedreiro misturou **a cal** ao cimento.

o Complete as frases com os artigos **um** ou **uma**.

a) Tenho _____ dó dos animais abandonados nas ruas!

b) Você tem _____ grafite para me emprestar?

c) A professora precisou dar _____ telefonema.

3 Há substantivos que mudam de gênero e significado dependendo do artigo que os acompanha. Observe o quadro de substantivos e seus significados.

a cabeça: parte superior do corpo
o cabeça: chefe, líder
 	
a capital: cidade
o capital: dinheiro, patrimônio
 	
o grama: unidade de peso
a grama: relva, capim
	a rádio: emissora
	o rádio: aparelho receptor e
	        transmissor de sinais
	
	o caixa: lugar onde são feitos
	        pagamentos
	a caixa: recipiente para guardar
	        objetos

o Leia as frases e complete-as com o artigo adequado.

a) .... rádio que foi inaugurada ontem tem programas de música e notícias.

b) Ganhei .... rádio que também toca CD.

c) .... capital do Brasil é Brasília.

d) .... caixa do banco estava cheio de gente.

e) A polícia prendeu .... cabeça da organização criminosa.

f) .... grama do campo de futebol era sintética.

g) Guardei os brinquedos em .... caixa de papelão.

h) .... cabeça faz parte dos membros superiores.

i) Quanto está custando .... grama do ouro?

4 Complete as frases com uma das palavras entre parênteses.

a) O pintor passou cal .... na parede. (acinzentado/acinzentada)

b) Comprei .... gramas de queijo. (trezentos/trezentas)

c) Gosto de escrever com lápis de grafite .... (macio/macia)

d) Estou com .... dó de você. (muito/muita)

Grau do adjetivo: comparativo e superlativo

● Grau comparativo

Leia a tirinha.

MÔNICA, MINHA MÔNICA! EXISTE ALGUM ESPELHO MAIS BELO DO QUE EU?

© Mauricio de Sousa/Mauricio de Sousa Produções Ltda.

Mônica tem uma novidade!, de Mauricio de Sousa. Porto Alegre: L&PM, 2009.

O espelho atribui a si mesmo a característica de **belo**. Você já sabe que **belo** é um adjetivo.

Observe.

> Existe algum espelho **mais belo do que eu**?

O adjetivo **belo** foi usado para fazer uma comparação; está no grau **comparativo**.

> O **grau comparativo** é usado para comparar uma característica de dois ou mais seres ou duas características do mesmo ser.

Existem três formas de grau comparativo:

- de **superioridade** ⟶ Renata é **mais alta (do) que** seu irmão;
- de **igualdade** ⟶ Pedro é **tão alto quanto** sua prima;
- de **inferioridade** ⟶ Beatriz é **menos alta (do) que** sua irmã.

Podemos também comparar duas características de um mesmo ser. Exemplo: Taís é **tão alta quanto bonita**.

● Grau superlativo

EU NÃO SOU APENAS **BELO**. SOU **MUITO BELO**. SOU **BELÍSSIMO**.

A característica representada pelo adjetivo **belo** foi intensificada. Ele está no **grau superlativo**.

> O **grau superlativo** é usado para indicar uma característica em grau muito elevado.

O grau superlativo divide-se em **superlativo absoluto** e **superlativo relativo**.

O grau **superlativo absoluto** apresenta duas formas:

- **analítico** (formado por mais de uma palavra) – quando usamos as palavras **muito**, **bem**, **demais**, **bastante** ao lado do adjetivo. Exemplos:

> Ela é **muito** bonita!   Sou **bem** esforçado!
> Sou feliz **demais**!   Ele é **bastante** inteligente!

- **sintético** (formado por apenas uma palavra) – quando acrescentamos ao adjetivo as terminações (sufixos) **-íssimo**, **-érrimo**, **-ílimo**. Exemplos:

> Ela é **lindíssima**!   A roupa é **chiquérrima**!

Observe ainda.

SOU *O MAIS BELO DOS ESPELHOS*!

Se o adjetivo for usado para fazer uma comparação de um ser com todos os outros seres de um conjunto, ele está no grau **superlativo relativo**.

Unidade 3

Veja este quadro-resumo.

Grau superlativo dos adjetivos

absoluto: o grau de qualidade não tem como referência nenhum outro ser. O superlativo absoluto pode ser:
- **sintético**: expresso por uma só palavra. A prova foi **facílima**.
- **analítico**: expresso por mais de uma palavra. A prova foi **muito fácil**.

relativo: o adjetivo destaca a qualidade do ser em relação a um conjunto de seres.
O superlativo relativo pode ser:
- **de superioridade**: Helena é **a mais nova da turma**.
- **de inferioridade**: Paulo é **o menos bagunceiro da turma**.

Há formas especiais tanto para comparar os adjetivos **bom**, **mau**, **grande** e **pequeno** (grau comparativo) quanto para intensificá-los (grau superlativo). Observe o quadro.

Adjetivo	Comparativo de superioridade	Superlativo	
		absoluto	relativo
bom	melhor	ótimo	o(a) melhor
mau	pior	péssimo	o(a) pior
grande	maior	máximo	o(a) maior
pequeno	menor	mínimo	o(a) menor

Veja alguns exemplos.

> Um elefante é **maior** que um esquilo.
> Este filme é **péssimo**!
> Esta boneca é **a menor** da coleção de Lia.

Atividades

1 Leia.

> O bolo de chocolate é tão **gostoso** quanto o de morango.

a) A palavra destacada pertence à classe gramatical dos:

○ artigos.　　　○ adjetivos.　　　○ substantivos.

b) A comparação **tão gostoso quanto** expressa:

○ igualdade.　　　○ inferioridade.　　　○ superioridade.

2 Junte as duas frases, fazendo uma comparação entre elas. Veja o exemplo.

> Minha mãe é alta. Meu pai é mais alto.
> Meu pai é mais alto (do) que minha mãe.

a) Assistir a um filme é interessante. Ler um livro é mais interessante.

....

....

b) O leão é feroz. O macaco é menos feroz.

....

....

3 Nas frases a seguir, o adjetivo está no grau comparativo. Marque um **X** nas frases em que a comparação expressa **inferioridade**.

○ Meu avô é menos idoso que o seu.

○ Meu avô é tão idoso quanto minha avó.

○ Estou menos cansado que você.

○ Estou tão cansado quanto você.

○ Que comparação expressam as frases que você não marcou?

....

4 Leia a frase.

> A turma hoje está **animadíssima**.

a) Mantendo a mesma ideia, podemos substituir **animadíssima** por:

○ menos animada.   ○ muito animada.

○ mais animada que.   ○ tão animada quanto.

b) O adjetivo **animadíssima** está no grau:

○ comparativo.   ○ superlativo.

5 Complete com o adjetivo no grau normal ou no superlativo absoluto sintético.

.... ⇢ dificílimo	grande ⇢ ....
amigo ⇢	.... ⇢ simpaticíssimo
.... ⇢ amabilíssimo	pobre ⇢ ....
alto ⇢	.... ⇢ péssimo
.... ⇢ ótimo	feliz ⇢ ....
forte ⇢	.... ⇢ mínimo
.... ⇢ dulcíssimo/docíssimo	.... ⇢ antiquíssimo
áspero ⇢	geral ⇢ ....

6 Reescreva as frases colocando o adjetivo no grau superlativo analítico e depois no superlativo sintético. Veja o exemplo.

> Este garoto é educado.
> Este garoto é **muito educado**.
> Este garoto é **educadíssimo**.

a) Nossa festa está animada.

....

....

b) Minha calça está apertada.

....

....

c) O professor passou apressado.

....

....

d) Aquela pintura é bela.

....

....

e) Meu pai é inteligente.

....

....

7 Observe a imagem e escreva frases usando o grau superlativo.

keerati/Shutterstock

....

....

....

....

Ortografia

cessão, seção, sessão

Veja as cenas e observe as palavras destacadas nos balões.

As palavras destacadas nos balões de fala possuem a mesma pronúncia, mas grafias diferentes. Observe:

> **sessão**: espaço de tempo de exibição de um filme ou programa; reunião.
> **seção**: parte de um todo; setor, divisão.
> **cessão**: ato de ceder; doação.

1 Complete as frases com as palavras **sessão**, **seção** ou **cessão**.

a) Meu tio lê a .... de cultura do jornal todos os dias.

b) Gosto de assistir aos filmes na primeira .... do cinema.

c) Dona Clara encontrou o liquidificador que queria na .... de eletrodomésticos da loja.

d) Felipe fez a .... do assento do ônibus em que estava sentado para uma senhora.

2 Escreva uma frase com cada palavra do quadro.

> sessão   seção   cessão

....

....

....

....

....

....

Numeral

Leia esta piada e observe as palavras destacadas.

Futebol entre insetos

As formigas perdem feio para as aranhas. O **primeiro** tempo termina em **oito** a **zero**. O problema está na diferença do número de pernas. No **segundo** tempo, entra a centopeia no time das formigas, que reage e empata.

— Mas por que ela não jogou logo no **primeiro** tempo? — quis saber um repórter.

— Porque estava calçando as chuteiras!

Meu primeiro livro de piadas, de Ângela Finzetto. Blumenau: Todolivro, 2012.

As palavras **oito** e **zero** indicam quantidade.

As palavras **primeiro** e **segundo** expressam ideia de ordem, de sequência.

> **Numeral** é uma palavra que expressa ideia de **quantidade**, de **ordem** numa determinada sequência, de **fração** ou de **multiplicação**.

De acordo com o que indica, o numeral pode ser:

- **cardinal** – indica quantidade.

  Já li **quatro** livros este ano.

- **ordinal** – indica a posição em uma determinada sequência.

  Vítor foi o **terceiro** colocado no campeonato de xadrez da cidade.

- **multiplicativo** – indica o número de vezes que uma quantidade é multiplicada.

  Joana tem o **dobro** da minha idade.

- **fracionário** – indica o número de vezes que uma quantidade é dividida.

  Dei **um quarto** de chocolate para cada colega.

Veja o quadro de algarismos e numerais e consulte-o sempre que precisar.

Algarismos		Numerais			
romanos	arábicos	cardinais	ordinais	multiplicativos	fracionários
I	1	um	primeiro		–
II	2	dois	segundo	dobro/duplo	meio/metade
III	3	três	terceiro	triplo	terço
IV	4	quatro	quarto	quádruplo	quarto
V	5	cinco	quinto	quíntuplo	quinto
VI	6	seis	sexto	sêxtuplo	sexto
VII	7	sete	sétimo	sétuplo ou séptuplo	sétimo
VIII	8	oito	oitavo	óctuplo	oitavo
IX	9	nove	nono	nônuplo	nono
X	10	dez	décimo	décuplo	décimo
XI	11	onze	décimo primeiro ou undécimo	undécuplo	onze avos
XII	12	doze	décimo segundo ou duodécimo	duodécuplo	doze avos
XIII	13	treze	décimo terceiro	–	treze avos
XIV	14	quatorze ou catorze	décimo quarto	–	quatorze ou catorze avos
XV	15	quinze	décimo quinto	–	quinze avos
XVI	16	dezesseis	décimo sexto	–	dezesseis avos
XVII	17	dezessete	décimo sétimo	–	dezessete avos
XVIII	18	dezoito	décimo oitavo	–	dezoito avos
XIX	19	dezenove	décimo nono	–	dezenove avos
XX	20	vinte	vigésimo	–	vinte avos
XXX	30	trinta	trigésimo	–	trinta avos
XL	40	quarenta	quadragésimo	–	quarenta avos
L	50	cinquenta	quinquagésimo	–	cinquenta avos
LX	60	sessenta	sexagésimo	–	sessenta avos
LXX	70	setenta	septuagésimo	–	setenta avos
LXXX	80	oitenta	octogésimo	–	oitenta avos
XC	90	noventa	nonagésimo	–	noventa avos
C	100	cem	centésimo	cêntuplo	centésimo
CC	200	duzentos	ducentésimo	–	ducentésimo
CCC	300	trezentos	trecentésimo ou tricentésimo	–	trecentésimo ou tricentésimo
CD	400	quatrocentos	quadringentésimo	–	quadringentésimo
D	500	quinhentos	quingentésimo	–	quingentésimo
DC	600	seiscentos	sexcentésimo	–	sexcentésimo
DCC	700	setecentos	setingentésimo ou septingentésimo	–	setingentésimo ou septingentésimo
DCCC	800	oitocentos	octingentésimo	–	octingentésimo
CM	900	novecentos	nongentésimo	–	nongentésimo
M	1 000	mil	milésimo	–	milésimo

Atividades

1 Leia.

> Os **dois** irmãos brincam juntos.

a) A palavra destacada indica:

○ um nome próprio.

○ uma quantidade.

○ uma qualidade.

○ uma ação.

b) Logo, essa palavra é classificada como:

○ artigo.

○ numeral.

○ substantivo.

○ adjetivo.

2 Leia o poema.

O ônibus

Logo na esquina
desceu o primeiro.
Seguiu o motorista
mais quatro passageiros.

Desceu o segundo
no ponto seguinte.
Levou um susto:
a rua estava diferente.

Desceu o terceiro
na casa de Raimundo
que carrega no nome
tanta raiva do mundo.

O quarto desceu
em frente à estátua.
Caiu-lhe sobre a cabeça
uma espada de prata.

Desceu o último
tranquilo na calçada,
queria sentir o vento,
passear e mais nada.

Ficou só o motorista
nenhum passageiro.
Agora sim — ufa! —
podia ir ao banheiro.

Poesia a gente inventa, de Fernando Paixão. São Paulo: Ática, 2010.

a) No poema, circule os numerais.

b) Marque um **X** nos dois tipos de numeral empregados no poema.

◯ cardinal.

◯ fracionário.

◯ multiplicativo.

◯ ordinal.

c) .... é um numeral ...., pois indica quantidade.

d) Os numerais .... indicam ordem; no poema, aparecem quatro deles: ...., ..., ..., ...

3 Leia as frases e escreva **A** se a palavra **um** for artigo indefinido e **N** se for numeral.

◯ Viajei por um mês no ano passado.

◯ Um aluno recolheu as provas.

◯ Até agora li apenas um livro de Machado de Assis.

◯ Peguei um ônibus até o centro da cidade.

◯ Comprei um CD de música clássica e dois de samba.

Fique por dentro!

O artigo indefinido **um** tem o sentido de **qualquer um**. O numeral **um** tem o sentido de **exatamente um**. Exemplos:

Tomei **um** táxi para ir ao médico. (**um** táxi **qualquer**)

Preciso de **um** metro de tecido. (**exatamente um** metro)

4 Complete as frases com os numerais do quadro.

vinte	metade	segundo	triplo

a) Lívia comeu a .... do bolo de aniversário que ela ganhou.

b) Alexandre tem o .... da idade de sua prima.

c) Na sala de aula de Melissa há .... alunos.

d) O time de Lucas ficou em .... lugar no campeonato.

5 Escreva o tipo do numeral destacado em cada frase.

a) João tem **dezesseis** anos.

....

b) Vovó tem o **triplo** da minha idade.

....

c) **Dois terços** dos legumes foram usados na salada.

....

d) Júlia comemorou seu **décimo quinto** aniversário.

....

e) Iremos, **primeiro**, ao banco; depois, ao cinema.

....

f) Faltam **cinco** horas para o avião decolar.

....

6 Em algumas situações é comum utilizarmos algarismos romanos. Reescreva as frases colocando os numerais por extenso.

a) Já li até o capítulo IV deste livro.

....

b) Estamos no século XXI.

....

c) Minha turma participará da V Maratona Escolar.

....

d) O rei Luís XV era francês.

....

Fique por dentro!

Lemos os algarismos romanos como ordinais até o décimo. A partir daí, devemos lê-los como cardinais. Exemplos: século III (terceiro); século XII (doze)

Ortografia

Escrita dos numerais

O BRASIL TEM CERCA DE **DUZENTOS E QUATRO MILHÕES** DE HABITANTES.

Leia o balão de fala ao lado e observe o numeral destacado.

Observe que foi usada a letra **e** na escrita do numeral: duzentos **e** quatro milhões.

Observe o uso do **e** em outros numerais:

> Usa-se **e** entre a centena, a dezena e a unidade.
> 298 → duzentos **e** noventa **e** oito

> Não se usa **e** entre o milhar e a centena.
> 4 120 → quatro mil cento **e** vinte

> Usa-se **e** quando a centena terminar com dois zeros ou começar com zero.
> 4 500 → quatro mil **e** quinhentos
> 2 016 → dois mil **e** dezesseis

○ Leia a informação. Depois copie no caderno os numerais destacados e escreva-os por extenso.

> Na América do Sul, o Brasil foi o país que mais recebeu escravos. De **1550** a **1850**, foram trazidos para cá cerca de 4 milhões de africanos escravizados, entre homens, mulheres e crianças.
>
> Oficialmente, o fim da escravidão só ocorreu no dia 13 de maio de **1888**, quando a princesa Isabel, filha do imperador D. Pedro **II**, assinou a Lei Áurea.

Navegando pela língua portuguesa, de Douglas Tufano. São Paulo: Moderna, 2007.

Pronome pessoal e pronome de tratamento

● Pronome pessoal

Leia a tirinha.

Calvin e Haroldo: Yukon ho!, de Bill Watterson. Tradução de André Conti. São Paulo: Conrad Editora do Brasil, 2008.

As palavras **eles**, **eu**, **ela** e **você** são pronomes pessoais. Eles indicam as pessoas da fala. O pronome pessoal **ela** está substituindo o substantivo **mãe**.

> **Pronomes pessoais** são palavras que substituem os substantivos e indicam uma das pessoas da fala.

São três as pessoas da fala:

Pessoa	Singular	Plural
1ª (aquela que fala)	eu	nós
2ª (aquela com quem se fala)	tu, você	vós, vocês
3ª (aquela de quem se fala)	ele, ela	eles, elas

Agora leia.

JULIANA, PRECISO **TE** CONTAR AS NOVIDADES!

A palavra **te** substitui o substantivo **Juliana**. Essa palavra é chamada de **pronome pessoal do caso oblíquo**.

Os pronomes pessoais do caso oblíquo correspondem aos pronomes pessoais do caso reto. Veja o quadro.

	Pronomes pessoais	
	caso reto	caso oblíquo
1ª pessoa do singular	eu	me, mim, comigo
2ª pessoa do singular	tu	te, ti, contigo
3ª pessoa do singular	ele, ela	o, a, lhe, se, si, consigo
1ª pessoa do plural	nós	nos, conosco
2ª pessoa do plural	vós	vos, convosco
3ª pessoa do plural	eles, elas	os, as, lhes, se, si, consigo

Fique por dentro!

Os pronomes do caso reto indicam quem (ou o que) faz a ação. Exemplo: **Eu** vi Jorge.

Os pronomes do caso oblíquo indicam quem (ou o que) recebe a ação. Exemplo: Jorge **me** viu.

● Pronome de tratamento

O jovem ofereceu ajuda à **senhora**.

A palavra **senhora** é um **pronome pessoal de tratamento**.

Esse pronome pode indicar uma forma de tratamento respeitosa, cerimoniosa ou informal.

Veja o quadro dos pronomes de tratamento mais usados.

Pronome pessoal de tratamento	Abreviatura	Usado para
você	v.	amigos, colegas e familiares; tratamento informal
Vossa Alteza	V.A.	príncipes e duques
Vossa Excelência	V.Ex.ª	altas autoridades do governo e das Forças Armadas
Vossa Majestade	V.M.	reis/rainhas e imperadores/imperatrizes
Vossa Santidade	V.S.	líderes religiosos notáveis, como o papa e o Dalai Lama
Vossa Senhoria	V.S.ª	autoridades em geral: chefes, diretores e pessoas a quem se quer tratar com distanciamento e respeito
senhor, senhora, senhorita	sr., sra., srta.	geralmente, pessoas mais velhas que nós; a forma **senhorita**, pouco usada, é empregada para moças solteiras

Atividades

1 Leia os seguintes quadrinhos.

Snoopy, de Charles M. Schulz. São Paulo: Nemo, 2014. v. 2.

a) No segundo quadrinho, que pronome a menina usa para se referir a Schroeder?

....

○ Marque um **X** na alternativa correta.

◯ Esse pronome acompanha o substantivo **Schroeder**.

◯ Esse pronome substitui o substantivo **Schroeder**.

b) O pronome **ele** refere-se:

◯ à 1ª pessoa (a que fala).

◯ à 2ª pessoa (com quem se fala).

◯ à 3ª pessoa (de quem se fala).

c) No primeiro quadrinho, aparece um pronome de tratamento. Que pronome é esse?

....

2 Complete as frases com os pronomes pessoais do caso oblíquo.

| mim | conosco | nos | me |

a) Nós vamos à festa. Você vai ....?

b) Não .... lembrei de trazer o livro!

c) Ontem, Caio e eu .... encontramos por acaso.

d) Você se lembrou de trazer o CD para ....?

3 Reescreva as frases substituindo o substantivo repetido pelos pronomes oblíquos **o**, **a**, **os**, **as**. Veja o exemplo.

A professora trouxe as **provas** e entregou as **provas** aos alunos.

A professora trouxe as provas e entregou-as aos alunos.

a) Pedro leu o **livro** e depois colocou o **livro** na estante.

....

....

b) Daniela pegou a **mochila** e levou a **mochila** para a escola.

....

....

c) Bruno juntou os **brinquedos** e doou os **brinquedos** para um orfanato.

....

....

d) Laura fez as **anotações** em um papel e passou as **anotações** a limpo em um caderno.

....

....

4 Reescreva as frases substituindo os substantivos destacados pelo pronome indicado.

a) Vou lavar esta **janela** com sabão. (la)

....

b) Os pais encontraram os **filhos** na porta da escola. (nos)

....

c) Elas levaram a **gatinha** ao veterinário. (na)

....

Fique por dentro!

Os pronomes oblíquos **o**, **a**, **os**, **as** se modificam quando vêm depois de verbos terminados em **r** e **m**.

Com verbos terminados em **r**, usa-se **lo**, **la**, **los**, **las**. Exemplo: Vou convida**r o colega**. Vou convidá-**lo**.

Com verbos terminados em **m**, usa-se **no**, **na**, **nos**, **nas**. Exemplo: Os pais trouxera**m as meninas**. Os pais trouxera**m-nas**.

5 Reescreva as frases substituindo as palavras destacadas pelo pronome de tratamento correspondente.

a) **O governador** compareceu ao evento.

....

b) **O papa** encerrou a cerimônia.

....

c) **A princesa** retornará ao palácio em breve.

....

Fique por dentro!

Usamos **Vossa** quando nos dirigimos diretamente à pessoa. Exemplo: Vossa Majestade deseja sair?

Usamos **Sua** quando falamos sobre a pessoa. Exemplo: Sua Majestade disse que deseja sair.

Ortografia

Abreviaturas e siglas

Leia.

DR. CARLOS, O **SR.** ALBERTO GOSTARIA DO SEU PARECER SOBRE OS PACIENTES.

Dr. e **sr.** são abreviaturas de **doutor** e **senhor**.

Abreviatura é a redução de uma palavra ou expressão a algumas de suas letras (geralmente as iniciais).

Conheça algumas abreviaturas.

adj. → adjetivo		Ltda. → Limitada	
av. → avenida		m → metro	
cap. → capítulo		mal. → marechal	
c/c → conta-corrente		min → minuto	
Cia. → Companhia		obs. → observação	
coml. → comercial		profª → professora	
depto. → departamento		r. → rua	
ex. → exemplo		S.A. → Sociedade Anônima	
h → hora		séc. → século	
Jr. → Júnior		sr. → senhor	
km → quilômetro		tel. → telefone	

Fique por dentro!

Os símbolos referentes a unidades de medida não são abreviados com ponto nem têm plural.

1 **h** (1 hora)   2 **h** (2 horas)

1 **m** (1 metro)   10 **m** (10 metros)

A sigla é formada quase sempre pela inicial de cada palavra ou por parte dela. Conheça algumas siglas.

SP ⟶	**S**ão **P**aulo		**Ibope** ⟶	**I**nstituto **B**rasileiro de **O**pinião **P**ública e **E**statística
CEP ⟶	**C**ódigo de **E**ndereçamento **P**ostal		**EUA** ⟶	**E**stados **U**nidos da **A**mérica
UFRJ ⟶	**U**niversidade **F**ederal do **R**io de **J**aneiro		**SUS** ⟶	**S**istema **Ú**nico de **S**aúde
ONG ⟶	**O**rganização **N**ão **G**overnamental			

1 Numere as abreviaturas da segunda coluna de acordo com a primeira.

(1) litro   ( ) N

(2) grama   ( ) av.

(3) Nordeste   ( ) L

(4) avenida   ( ) pron.

(5) Norte   ( ) g

(6) pronome   ( ) NE

2 Escreva o nome dos meses correspondentes às abreviaturas.

jul.: ....   jan.: ....   mar.: ....

dez.: ....   nov.: ....   ago.: ....

abr.: ....   out.: ....   jun.: ....

3 Escreva a sigla correspondente a cada estado. Observe o quadro.

AC	MG	PB	MS	SE	RO

a) Minas Gerais: ....   **d)** Acre: ....

b) Mato Grosso do Sul: ....   **e)** Rondônia: ....

c) Sergipe: ....   **f)** Paraíba: ....

Unidade 3

Capítulo 6

Pronome: possessivo, demonstrativo, indefinido e interrogativo

Pronome possessivo

Observe a foto e leia.

ESTA É A **MINHA**, A **SUA**, A **NOSSA** CASA! VAMOS CUIDAR MELHOR DELA?

As palavras **minha**, **sua** e **nossa** são **pronomes possessivos**.

> **Pronome possessivo** é a palavra que dá ideia de posse.

O pronome possessivo concorda em gênero (masculino ou feminino) e em número (singular ou plural) com o substantivo a que se refere.

Veja o quadro dos pronomes possessivos.

Pronomes possessivos				
Indicam o que pertence à	Masculino singular	Feminino singular	Masculino plural	Feminino plural
1ª pessoa: eu / nós	meu / nosso	minha / nossa	meus / nossos	minhas / nossas
2ª pessoa: tu / vós	teu / vosso	tua / vossa	teus / vossos	tuas / vossas
3ª pessoa: ele, ela / eles, elas	seu / seu	sua / sua	seus / seus	suas / suas

Fique por dentro!

Podemos substituir os pronomes possessivos **seu**, **sua**, **seus**, **suas** por **dele**, **dela**, **deles**, **delas** e **de vocês**. Exemplos:

Bia lê muito. **Seus** livros são todos de aventura.

Bia lê muito. Os livros **dela** são todos de aventura.

● Pronome demonstrativo

Leia as falas e compare as ilustrações.

As palavras **esta**, **essa** e **aquela** são **pronomes demonstrativos**.

> Os **pronomes demonstrativos** indicam a posição dos seres em relação às pessoas do discurso.

Veja o quadro dos pronomes demonstrativos.

Pronomes demonstrativos	
Perto da pessoa que fala	este, esta, estes, estas, isto
Perto da pessoa com quem se fala, ou coisa pouco distante	esse, essa, esses, essas, isso
Distante da pessoa que fala e daquela com quem se fala ou coisa muito distante	aquele, aquela, aqueles, aquelas, aquilo

● Pronome indefinido

Observe.

TEM **ALGUÉM** AÍ?

A palavra **alguém** não se refere a uma pessoa em especial. Refere-se a qualquer pessoa, de modo vago, indefinido. **Alguém** é um **pronome indefinido**.

> **Pronome indefinido** é aquele que indica um ser ou uma quantidade de modo vago, impreciso.

| Pronomes indefinidos ||
variáveis	invariáveis
algum, alguma, alguns, certo, certa, certos, certas, muito, muita, muitos, muitas, nenhum, nenhuma, nenhuns, nenhumas, outro, outra, outros, outras, pouco, pouca, poucos, poucas, qualquer, quaisquer, todo, toda, todas, todos, vários, várias	alguém, ninguém, outrem, cada, nada, tudo, algo

● Pronome interrogativo

Observe o título do livro ao lado.

A palavra **quem** foi usada para fazer uma pergunta. **Quem** é um **pronome interrogativo**.

> O **pronome interrogativo** é usado para fazer perguntas.

Conheça os pronomes interrogativos.

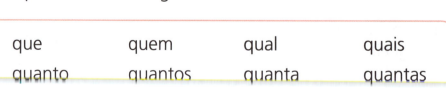

que	quem	qual	quais
quanto	quantos	quanta	quantas

Atividades

1 Leia o texto.

> **Minha** mãe sempre conta histórias de quando eu era bem pequena. Ela fala que a **nossa** casa era grande, bem diferente do **nosso** pequeno apartamento atual. Havia quatro quartos, e o **meu** era o maior.

a) As palavras **minha**, **nossa**, **nosso** e **meu** indicam:

◯ uma pergunta. ◯ ideia de posse. ◯ quantidade.

b) As palavras **minha**, **nossa**, **nosso** e **meu** são, portanto, pronomes

....

c) Os pronomes **minha**, **nossa** e **nosso** estão acompanhando quais substantivos?

minha: ....

nosso: ....

nossa: ....

Fique por dentro!

O pronome possessivo acompanha ou substitui o substantivo.

d) O pronome **meu** está substituindo qual substantivo?

◯ apartamento ◯ quarto ◯ casa

2 Complete as frases com pronomes interrogativos.

a) .... é a sua altura?

b) .... anos você tem?

c) .... músicas você gosta de escutar?

d) .... número você calça?

e) .... é a prova de Matemática?

Unidade 3

3 Leia a fala da menina.

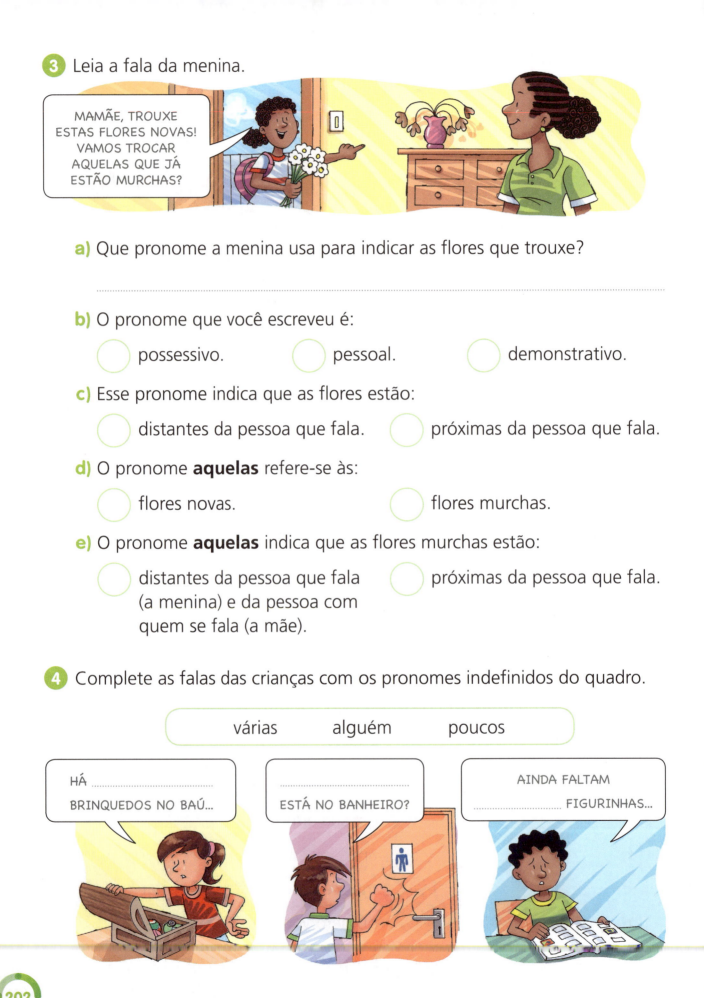

MAMÃE, TROUXE ESTAS FLORES NOVAS! VAMOS TROCAR AQUELAS QUE JÁ ESTÃO MURCHAS?

a) Que pronome a menina usa para indicar as flores que trouxe?

....

b) O pronome que você escreveu é:

○ possessivo.   ○ pessoal.   ○ demonstrativo.

c) Esse pronome indica que as flores estão:

○ distantes da pessoa que fala.   ○ próximas da pessoa que fala.

d) O pronome **aquelas** refere-se às:

○ flores novas.   ○ flores murchas.

e) O pronome **aquelas** indica que as flores murchas estão:

○ distantes da pessoa que fala (a menina) e da pessoa com quem se fala (a mãe).   ○ próximas da pessoa que fala.

4 Complete as falas das crianças com os pronomes indefinidos do quadro.

várias   alguém   poucos

HÁ .... BRINQUEDOS NO BAÚ...

.... ESTÁ NO BANHEIRO?

AINDA FALTAM .... FIGURINHAS...

5 Leia.

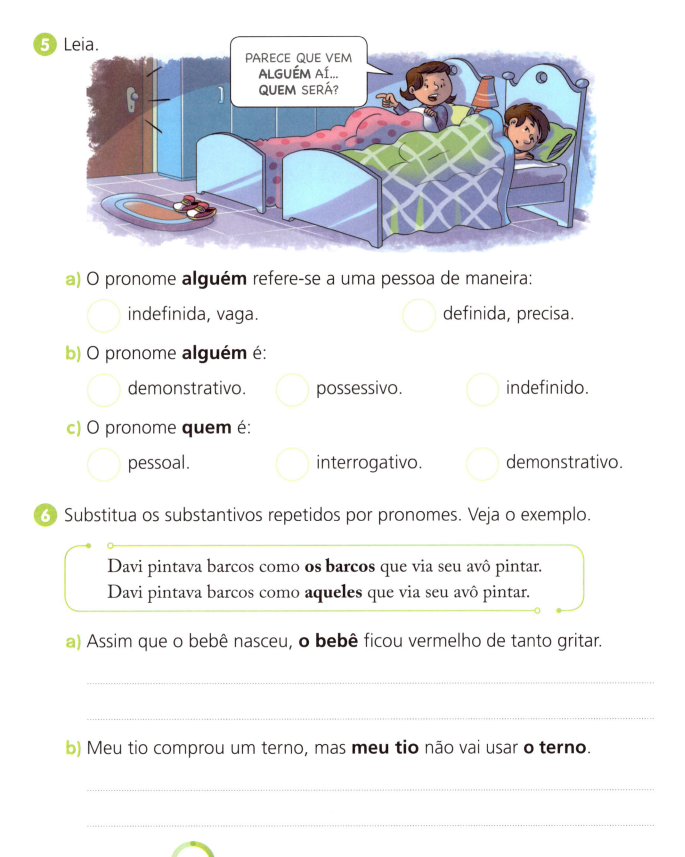

a) O pronome **alguém** refere-se a uma pessoa de maneira:

◯ indefinida, vaga. ◯ definida, precisa.

b) O pronome **alguém** é:

◯ demonstrativo. ◯ possessivo. ◯ indefinido.

c) O pronome **quem** é:

◯ pessoal. ◯ interrogativo. ◯ demonstrativo.

6 Substitua os substantivos repetidos por pronomes. Veja o exemplo.

> Davi pintava barcos como **os barcos** que via seu avô pintar.
> Davi pintava barcos como **aqueles** que via seu avô pintar.

a) Assim que o bebê nasceu, **o bebê** ficou vermelho de tanto gritar.

....

....

b) Meu tio comprou um terno, mas **meu tio** não vai usar **o terno**.

....

....

Fique por dentro!

Podemos evitar repetições nos textos usando pronomes para substituir substantivos.

Ortografia

por que, porque, por quê, porquê

Leia a tirinha e observe as palavras destacadas.

Garfield: um gato em apuros, de Jim Davis. Porto Alegre: L&PM, 2009.

> **por que**: usado no início de frases interrogativas. Por exemplo:
> **Por que** eu gosto tanto de você?
> **por quê**: usado no final de frases. Por exemplo:
> Eu gosto tanto de você **por quê**?
> **porque**: usado para dar uma explicação. Por exemplo:
> **Porque** eu sou perfeito.
> **porquê**: precedido dos artigos **o**, **os**, **um** ou **uns**, equivale a **causa**, **motivo**, **razão**. Por exemplo:
> Não sei lhe dizer **o porquê** de meu amor por você.

1 Reescreva as frases substituindo as palavras em destaque por **motivo** ou **razão**.

a) Quer saber o **porquê** da minha visita?

....

b) Vou te explicar os **porquês** do cancelamento da viagem.

....

....

2 Leia o texto informativo e complete-o com **porque** ou **por que**.

.... temos soluços?

Soluçamos ou .... comemos muito ou .... engolimos muito rápido. Hic, hic, o grande músculo que fica sob os pulmões, o diafragma, se contrai bruscamente bem no meio da inspiração. O ar que sai faz um barulho violento na garganta. Hic, hoc.

HIC! HIC! HIC! HIC!

Meu 1º Larousse dos porquês. Tradução de Ricardo Lísias. São Paulo: Larousse do Brasil, 2004.

3 Complete as falas dos balões com **por que**, **por quê**, **porque** e **porquê**.

VOCÊ NÃO PODE SAIR AGORA ....?

.... AQUI ESTÁ CHOVENDO MUITO...

.... VOCÊ NÃO FOI AO JOGO ONTEM?

.... PASSEI MAL O DIA TODO.

Conjunção

Leia.

> Podemos começar a brincadeira **porque** todos já chegaram.

A palavra **porque** une duas orações; ela é uma **conjunção**.

Observe:

1ª oração →→ Podemos começar a brincadeira

2ª oração →→ **porque** todos já chegaram.

> **Conjunção** é a palavra invariável que liga duas orações ou termos de uma oração.

Veja outros exemplos.

A flor **e** o vaso ficaram encharcados.

conjunção (ligando termos de uma oração)

Ganhei um livro de aventuras **e** o li no mesmo dia.

conjunção (ligando duas orações)

As conjunções podem ser **coordenativas** ou **subordinativas**. Veja algumas.

Conjunções coordenativas	Conjunções subordinativas
e, nem, mas, porém, contudo, no entanto, logo, portanto, ou, por isso, ora… ora, pois, todavia	que, porque, já que, como, se, caso, embora, conforme, para que, a fim de que, logo que

Atividades

1 Leia as frases e responda.

a) Eu trouxe o livro **e** a resenha que escrevi sobre ele.

A conjunção **e** indica ideia de:

◯ conclusão.　　　　◯ acréscimo.　　　　◯ oposição.

b) Gosto de macarrão, **mas** prefiro arroz e feijão.

A conjunção **mas** indica ideia de:

◯ conclusão.　　　　◯ acréscimo.　　　　◯ oposição.

○ Qual das conjunções do quadro poderia substituir a conjunção **mas** sem alterar o sentido da frase? Reescreva a frase usando-a.

> ou　　　　porém　　　　por isso

....

....

2 Escolha no quadro a conjunção adequada para unir as orações de cada alternativa.

> pois　　　que　　　enquanto　　　e　　　por isso

a) Os alunos .... faltaram ontem precisam copiar a matéria.

b) Joana queria comprar um vestido, ... ela economizou dinheiro .... conseguiu o que queria.

c) Não pude sair, ... chovia muito forte.

d) Simone fez um bolo .... as crianças brincavam.

e) Papai chegou do supermercado .... guardou as compras.

f) Estudei bastante, ... aprendi a matéria.

3 Circule as conjunções nos títulos dos livros abaixo.

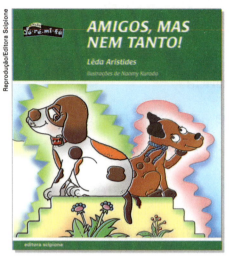

○ Agora complete.

a) No título **O menino e o pássaro**, a conjunção .... expressa ideia de acréscimo.

b) No título **Amigos, mas nem tanto!**, a conjunção .... expressa uma ideia oposta à anterior.

c) No título **Cara ou coroa?**, a conjunção .... exprime ideia de exclusão.

d) Essas três conjunções são:

◯ coordenativas. ◯ subordinativas.

4 Observe as conjunções subordinativas destacadas e complete a frase escrevendo outra oração.

a) Choveu tanto **que** ....
....

b) Telefone para mim **se** ....
....

c) Começaremos a reunião **assim que** ....
....

d) Iremos à praia **mesmo que** ....
....

5 Leia a frase e faça um **X** na opção correta.

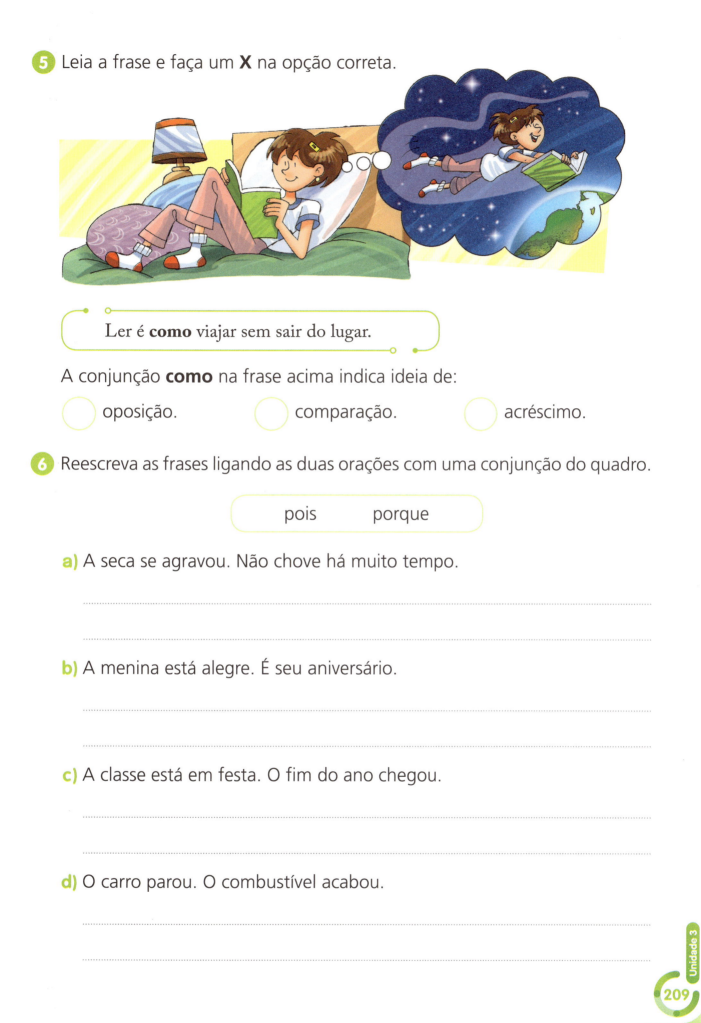

Ler é **como** viajar sem sair do lugar.

A conjunção **como** na frase acima indica ideia de:

○ oposição.   ○ comparação.   ○ acréscimo.

6 Reescreva as frases ligando as duas orações com uma conjunção do quadro.

pois   porque

a) A seca se agravou. Não chove há muito tempo.

....

....

b) A menina está alegre. É seu aniversário.

....

....

c) A classe está em festa. O fim do ano chegou.

....

....

d) O carro parou. O combustível acabou.

....

....

mas, mais

Leia.

FILHO!

EU QUERIA BRINCAR **MAIS** COM VOCÊ, **MAS** A MAMÃE ESTÁ ME CHAMANDO.

> **Mais** é advérbio de intensidade. É antônimo de **menos**.
> **Mas** é uma conjunção. Equivale a **porém**, **contudo**, **entretanto**.

1 Agora complete as frases com **mais** ou **mas**:

a) Ele tentou nadar, ... ficou com medo.

b) Sua ideia parece boa, ... não é possível neste momento.

c) Rogério lê .... livros que Júlia, ... ela vê bem .... filmes que ele.

d) Na minha turma há .... meninos do que meninas.

2 Leia os provérbios e complete-os.

a) .... vale um pássaro na mão do que dois voando.

b) Quem ao .... alto sobe ao .... baixo pode cair.

c) A água silenciosa é a .... perigosa.

d) A grama do vizinho é sempre .... verde do que a nossa.

o As palavras que você escreveu são:

○ advérbios. ○ conjunções.

3 Leia o texto a seguir e complete os espaços com **mais** ou **mas**.

Como comecei a escrever

Quando eu tinha 10 anos, ao narrar a um amigo uma história que havia lido, inventei para ela um fim diferente, que me parecia melhor. Resolvi então escrever as minhas próprias histórias.

Durante o meu curso de ginásio, fui estimulado pelo fato de ser sempre dos melhores em Português e dos piores em Matemática — o que, para mim, significava que eu tinha jeito para escritor.

Naquela época os programas de rádio faziam tanto sucesso quanto os de televisão hoje em dia, e uma revista semanal do Rio, especializada em rádio, mantinha um concurso permanente de crônicas sob o título "O que pensam os rádio-ouvintes". Eu tinha 12, 13 anos, e não pensava grande coisa, _____ minha irmã Berenice me animava a concorrer, passando à máquina as minhas crônicas e mandando-as para o concurso. Mandava várias por semana, e era natural que volta e meia uma fosse premiada.

Passei a escrever contos policiais, influenciado pelas minhas leituras do gênero. Meu autor predileto era Edgar Wallace. Pouco depois passaria a viver sob a influência do livro _____ sensacional que já li na minha vida, que foi o _Winnetou_, de Karl May, cujas aventuras procurava imitar nos meus escritos.

A partir dos 14 anos comecei a escrever histórias "_____ sérias", com pretensão literária. Muito me ajudou, neste início de carreira, ter aprendido datilografia na velha máquina Remington do escritório de meu pai. E a mania que passei a ter de estudar gramática e conhecer bem a língua me foi bastante útil.

_____ nada se pode comparar à ajuda que recebi nesta primeira fase dos escritores de minha terra Guilhermino César, João Etienne Filho e Murilo Rubião — e, um pouco _____ tarde, de Marques Rebelo e Mário de Andrade, por ocasião da publicação do meu primeiro livro, aos 18 anos.

De tudo, o _____ precioso à minha formação, todavia, talvez tenha sido a amizade que me ligou desde então e pela vida afora a Hélio Pellegrino, Otto Lara Resende e Paulo Mendes Campos, tendo como inspiração comum o culto à Literatura.

Como comecei a escrever, de Fernando Sabino. São Paulo: Ática, 1980. (Para gostar de ler, v. 4).

Observe com atenção as imagens e converse com os colegas e o professor.

Tibica: o defensor da natureza, de Canini. São Paulo: Formato, 2010.

Agora responda.

a) O que representa a imagem 1? E a imagem 2?

....

....

b) Qual é a única palavra existente nas imagens?

....

c) Explique o significado dessa palavra na imagem 2.

....

....

d) Essa palavra poderia ter sido utilizada na imagem 1 com esse mesmo sentido? Por quê?

....

....

e) Escreva uma frase estabelecendo uma comparação de superioridade entre as imagens 1 e 2.

....

....

f) Reescreva a frase substituindo as palavras destacadas por um só adjetivo.

> Acho **muito bela** uma floresta conservada!

....

g) Escreva um breve texto chamando a atenção das pessoas para o grave problema existente na imagem 2. Use pelo menos um pronome demonstrativo, um adjetivo pátrio, um adjetivo no grau superlativo e uma conjunção.

....

....

....

Unidade 4

É hora de saborear!

É hora de saborear!

Tudo para o seu café da manhã

CEREAL
CEREAL
CEREAL

O que vou estudar?

- Verbo
- Conjugação verbal: tempos e modos
- Verbos auxiliares
- Verbos irregulares
- Advérbio e locução adverbial
- Oração, sujeito e predicado
- Interjeição

Leia esta tirinha e observe as palavras destacadas.

Lola, de Laerte. **Folha de S.Paulo**, 14 nov. 2015. Folhinha.

As palavras destacadas na tirinha exprimem ações. Elas são **verbos**.
Observe o quadro.

	Verbo	Indica
Lia **almoçará** com a avó hoje.	almoçará	ação
Você **está** linda com essa roupa.	está	estado
O pequeno menino **virou** um belo rapaz.	virou	mudança de estado
Meus amigos **são** leais.	são	maneira de ser
Choveu muito forte ontem.	choveu	fenômeno da natureza

Verbos são palavras que indicam ação, estado, mudança de estado, maneira de ser e fenômeno da natureza.

Os verbos mudam de forma para indicar a pessoa (1ª, 2ª ou 3ª) e o número (singular ou plural). Veja o quadro.

Pessoa	Número
1ª pessoa (quem fala)	singular — Eu **brinco**. plural — Nós **brincamos**.
2ª pessoa (com quem se fala)	singular — Tu **brincas**?/ Você **brinca**? plural — Vós **brincais**?/ Vocês **brincam**?
3ª pessoa (de quem se fala)	singular — Ela **brinca** no parque. plural — Eles sempre **brincam** juntos.

Observe os verbos destacados nas falas.

Os verbos variam também para indicar o **modo** como nos posicionamos diante dos fatos. Veja:

- A forma verbal **coloco** expressa uma certeza; está no **modo indicativo**.

- A forma verbal **ajude** expressa possibilidade; está no **modo subjuntivo**.

- A forma verbal **tome** expressa um pedido; está no **modo imperativo**.

Leia o diálogo.

A forma verbal **pediu** refere-se ao passado; a forma verbal **estão** refere-se ao presente; a forma verbal **pedirei** refere-se ao **futuro**.

Os verbos variam também para indicar **tempo**. Veja os quadros.

Modo indicativo			
Tempos verbais			
Presente	Indica uma ação que está ocorrendo ou que ocorre sempre.		Eu **danço**.
Passado	Pretérito perfeito	Indica uma ação que já ocorreu.	Camila **dançou** bastante ontem.
	Pretérito imperfeito	Indica uma ação contínua, habitual, que costumava ocorrer.	Quando era criança, **dançava** bastante.
	Pretérito mais-que--perfeito	Indica uma ação passada em relação a outro fato passado.	Quando a apresentação começou, eu já **dançara** bastante.
Futuro	do presente	Indica uma ação que ainda vai ocorrer.	Amanhã ela **dançará**.
	do pretérito	Indica uma ação que depende de uma condição para ocorrer.	Júlio **dançaria** se não fosse tímido.

Modo subjuntivo		
Tempos verbais		
Presente	Indica uma ação que provavelmente vai ocorrer.	Meus pais esperam **que eu passe** de ano.
Pretérito imperfeito	Indica uma ação que deveria ter ocorrido anteriormente ao momento em que se fala.	**Se ela me ouvisse**, teria estudado mais.
Futuro	Indica uma ação possível, mas que ainda não ocorreu até o momento em que se fala.	**Quando ela chegar**, nós sairemos.

Atividades

1 Observe a capa desta revista e escreva o maior número possível de verbos que traduzam as ações representadas na ilustração.

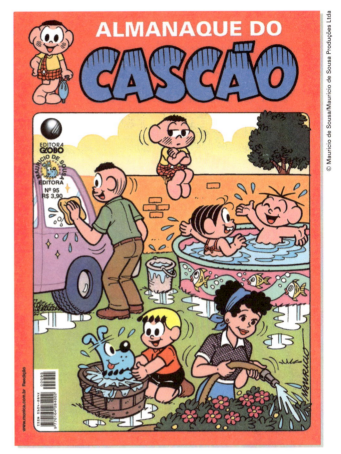

Almanaque do Cascão, de Mauricio de Sousa. São Paulo: Globo, n. 95, set. 2006.

2 Leia as frases e circule os verbos. Depois escreva nos círculos as letras **A**, **E** ou **F**, conforme as indicações do quadro.

> **A** ⟶ se o verbo indicar ação;
>
> **E** ⟶ se o verbo indicar estado;
>
> **F** ⟶ se o verbo indicar fenômeno da natureza.

a) Aquele livro é muito bom.

b) O atleta correu muito bem, por isso venceu.

c) Eu me encontrava na rua quando choveu.

d) Nevava lá fora, então coloquei o casaco.

3 Complete o texto com uma forma dos verbos indicados entre parênteses.

a) Nós nos .... com o futuro. (preocupar)

b) Nossa escola .... um ensino de qualidade. Todos os alunos .... satisfeitos com o tratamento carinhoso e respeitoso que recebem. (oferecer/estar)

c) .... já e .... um bom desconto. (comprar/garantir)

○ Complete as informações.

Os verbos ...., ... e .... estão no modo indicativo.

Os verbos .... e .... estão no modo imperativo.

4 Leia as frases e observe os verbos destacados. Depois, pinte os quadrinhos conforme o código.

▰ Verbo que indica uma certeza (modo indicativo).

▰ Verbo que indica hipótese, suposição ou desejo (modo subjuntivo).

▰ Verbo que indica ordem, pedido ou conselho (modo imperativo).

☐ Se os alunos **lessem** mais, teriam mais facilidade para escrever.

☐ Eu **gosto** muito de ir ao cinema!

☐ Não **conversem** durante a prova!

☐ Eu **acordei** atrasado para ir à escola.

☐ Se **acordarmos** mais cedo, veremos o sol nascer.

☐ André, **levante**-se!

Ortografia

-ar, -izar

Leia.

> VOCÊ VAI **PRECISAR** DE MUITO TREINO PARA **REALIZAR** SEU SONHO DE SER CAMPEÃO.

Observe.

preciso ●——▶ palavra primitiva com **s**

precisar ●——▶ verbo termina em **-ar**

real ●——▶ palavra primitiva sem **s**

realizar ●——▶ verbo termina em **-izar**

1 Complete o quadro. Veja o exemplo.

	Verbo	Substantivo
moderno	*modernizar*	*modernização*
improviso		
final		
civil		
paralisia		
valor		

2 Complete cada item com verbos terminados em **-ar** ou **-izar**.

a) Tornar eterno é o mesmo que ....

b) Dar um aviso é o mesmo que ....

c) Tornar liso é o mesmo que ....

d) Tornar atual é o mesmo que ....

1 Você já reparou que os verbos no tempo presente, em geral, expressam ações que realizamos no cotidiano? Complete as frases com algumas ações do seu dia a dia e confirme essa informação. Lembrete: utilize verbos das três conjugações.

a) Eu .... os dentes pelo menos três vezes ao dia.

b) Eu .... banho todos os dias.

c) Eu .... à escola de segunda-feira a sexta-feira.

d) Eu .... sempre ao meio-dia.

e) Eu .... todas as noites com a minha família.

f) Eu .... sempre à tarde.

g) Eu .... cedo todos os dias.

h) Eu .... lição à tarde.

i) Eu .... nos fins de semana.

j) Eu .... todos os dias com meus colegas.

k) Eu .... a programas na TV à tarde.

l) Eu .... à noite.

2 Alguns verbos indicam o som emitido pelos animais. Faça uma pesquisa sobre os animais das fotos abaixo e escreva os verbos correspondentes aos sons de cada um. Consulte o quadro.

mugir	rugir	grunhir	zunir	grugulejar
piar	grasnar	cacarejar	coaxar	

Conjugação verbal: tempos e modos

Leia a sinopse do livro **Mais um pai**, de Julio Ludemir, e observe os verbos destacados.

Bernardo leva uma vida boa ao lado da mãe e do padrasto. Ele está prestes a **fazer** 10 anos e não consegue **decidir** o que quer de presente de aniversário. Por fim, diz que gostaria de conhecer seu pai biológico. Mas como sua mãe vai **lidar** com essa situação?

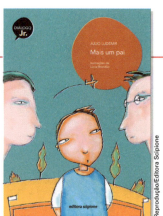

Catálogo de literatura infantil e informativos Ática/Scipione, 2016.

Veja.

verbo **lidar** ⟶ primeira conjugação

verbo **fazer** ⟶ segunda conjugação

verbo **decidir** ⟶ terceira conjugação

Os verbos **lidar**, **fazer** e **decidir** terminam em **-ar**, **-er**, **-ir**. Dizemos que eles estão no **infinitivo**.

Os verbos agrupam-se em três conjugações, conforme a terminação do seu infinitivo:
- **1ª conjugação**: verbos terminados em **-ar**. Exemplos: cant**ar**, toc**ar**, am**ar**, estud**ar**.
- **2ª conjugação**: verbos terminados em **-er**. Exemplos: corr**er**, vend**er**, sab**er**, com**er**.
- **3ª conjugação**: verbos terminados em **-ir**. Exemplos: part**ir**, divid**ir**, sorr**ir**, color**ir**.

Fique por dentro!

O verbo **pôr** e seus derivados (compor, repor, dispor, etc.) são considerados verbos da 2ª conjugação porque a antiga forma de **pôr** era poer.

Conjugar um verbo é expressá-lo em todas as formas que ele possui. Observe nesta tirinha a conjugação do verbo **amar**.

Mônica tem uma novidade!, de Mauricio de Sousa. Porto Alegre: L&PM, 2009.

Observe nos quadros a seguir o modelo das três conjugações.

1ª conjugação → **lavar**	2ª conjugação → **correr**	3ª conjugação → **partir**

Modo indicativo

Presente			Pretérito imperfeito		
Eu lavo	corro	parto	Eu lavava	corria	partia
Tu lavas	corres	partes	Tu lavavas	corrias	partias
Ele/Ela lava	corre	parte	Ele/Ela lavava	corria	partia
Nós lavamos	corremos	partimos	Nós lavávamos	corríamos	partíamos
Vós lavais	correis	partis	Vós laváveis	corríeis	partíeis
Eles/Elas lavam	correm	partem	Eles/Elas lavavam	corriam	partiam

Pretérito perfeito			Pretérito mais-que-perfeito		
Eu lavei	corri	parti	Eu lavara	correra	partira
Tu lavaste	correste	partiste	Tu lavaras	correras	partiras
Ele/Ela lavou	correu	partiu	Ele/Ela lavara	correra	partira
Nós lavamos	corremos	partimos	Nós laváramos	corrêramos	partíramos
Vós lavastes	correstes	partistes	Vós laváreis	corrêreis	partíreis
Eles/Elas lavaram	correram	partiram	Eles/Elas lavaram	correram	partiram

Futuro do presente			Futuro do pretérito		
Eu lavarei	correrei	partirei	Eu lavaria	correria	partiria
Tu lavarás	correrás	partirás	Tu lavarias	correrias	partirias
Ele/Ela lavará	correrá	partirá	Ele/Ela lavaria	correria	partiria
Nós lavaremos	correremos	partiremos	Nós lavaríamos	correríamos	partiríamos
Vós lavareis	correreis	partireis	Vós lavaríeis	correríeis	partiríeis
Eles/Elas lavarão	correrão	partirão	Eles/Elas lavariam	correriam	partiriam

Na conjugação do presente do subjuntivo geralmente usa-se **que** (que eu lave); na do pretérito imperfeito, usa-se **se** (se eu lavasse); e na do futuro, usa-se **quando** (quando eu lavar).

Modo subjuntivo

Presente

Que eu lave	corra	parta
Que tu laves	corras	partas
Que ele/ela lave	corra	parta
Que nós lavemos	corramos	partamos
Que vós laveis	corrais	partais
Que eles/elas lavem	corram	partam

Pretérito imperfeito

Se eu lavasse	corresse	partisse
Se tu lavasses	corresses	partisses
Se ele/ela lavasse	corresse	partisse
Se nós lavássemos	corrêssemos	partíssemos
Se vós lavásseis	corrêsseis	partísseis
Se eles/elas lavassem	corressem	partissem

Futuro

Quando eu lavar	correr	partir
Quando tu lavares	correres	partires
Quando ele/ela lavar	correr	partir
Quando nós lavarmos	corrermos	partirmos
Quando vós lavardes	correrdes	partirdes
Quando eles/elas lavarem	correrem	partirem

Modo imperativo

Afirmativo

—	—	—
Lava tu	Corre tu	Parte tu
Lave você	Corra você	Parta você
Lavemos nós	Corramos nós	Partamos nós
Lavai vós	Correi vós	Parti vós
Lavem vocês	Corram vocês	Partam vocês

Negativo		
—	—	—
Não laves tu	Não corras tu	Não partas tu
Não lave você	Não corra você	Não parta você
Não lavemos nós	Não corramos nós	Não partamos nós
Não laveis vós	Não corrais vós	Não partais vós
Não lavem vocês	Não corram vocês	Não partam vocês

Formas nominais	Infinitivo	lavar	correr	partir
	Gerúndio	lavando	correndo	partindo
	Particípio	lavado	corrido	partido

Para formar o **imperativo afirmativo**, usamos a 2ª pessoa do singular (**tu**) e a 2ª pessoa do plural (**vós**) do presente do indicativo, eliminando o **s** final. As formas das outras pessoas vêm do presente do subjuntivo. Veja no quadro.

Presente do indicativo		Imperativo afirmativo		Presente do subjuntivo
Eu lavo		——		Que eu lave
Tu **lavas**	→ – s	**lava** (tu)		Que tu laves
Ele/ela lava		lave você	←	Que ele/ela **lave**
Nós lavamos		lavemos nós	←	Que nós **lavemos**
Vós **lavais**	→ – s	**lavai** (vós)		Que vós laveis
Eles/Elas lavam		lavem vocês	←	Que eles/elas **lavem**

Para formar o **imperativo negativo**, usamos as formas do presente do subjuntivo com o acréscimo da palavra **não**. Exemplos: **não fales** tu, **não fale** você, etc.

Fique por dentro!

Não se conjuga a 1ª pessoa do singular (eu) no imperativo.

Atividades

1. Distribua os verbos nas colunas de acordo com a conjugação a que pertencem.

falar	construir	trazer	pular
tropeçar	comer	vender	tossir
fugir	mentalizar	fazer	cair

1ª conjugação	2ª conjugação	3ª conjugação
....	....	....
....	....	....
....	....	....
....	....	....

2. Leia uma pequena biografia do escritor Monteiro Lobato.

José Bento Monteiro Lobato **nasceu** em 18 de abril de 1882, em Taubaté, interior de São Paulo. É considerado o criador da literatura infantil brasileira. Os personagens que **criou** para o Sítio do Pica-Pau-Amarelo (sua obra mais famosa) **fizeram** muito sucesso no passado e até hoje **continuam** a encantar o público infantil e adulto. São eles: Emília, uma boneca de pano que **tem** sentimentos; Pedrinho, menino com o qual o autor se **identificava** quando criança; Visconde de Sabugosa, a sábia espiga de milho; Cuca, a vilã que **aterroriza** todos no sítio, e muitos outros. Monteiro Lobato **morreu** em 4 de julho de 1948.

Reprodução/Som Livre

Texto dos autores.

 a) Copie no caderno os verbos destacados e indique em que tempo eles estão.

b) O texto fala de um escritor que:

◯ viveu no passado. ◯ vive no presente.

c) No texto há verbos que estão no presente porque:

◯ expressam acontecimentos que ainda ocorrem no presente.

◯ expressam acontecimentos passados.

d) Complete a informação.

Os verbos desse texto estão no modo ....

3 Leia esta tirinha de Calvin.

a) Copie, na primeira coluna, os verbos que aparecem conjugados na tirinha e, na segunda coluna, escreva em que tempo estão esses verbos.

Verbo	Tempo

b) Agora passe esses verbos para o pretérito imperfeito.

procurei: ....

está: ....

colocou: ....

4 Complete as frases dos balões com o verbo **terminar** no futuro do presente.

QUANDO VOCÊ

....

DE LER ESSE LIVRO?

ACHO QUE

....

AMANHÃ.

5 Analise os verbos destacados nas frases. Veja o exemplo.

Carlos **aprendeu** muito bem a lição.

verbo: *aprender*

tempo: *pretérito perfeito*

pessoa: *3ª pessoa do singular*

modo: *indicativo*

a) Quando **viajarmos**, conheceremos muitos lugares diferentes.

verbo: .... pessoa: ....

tempo: .... modo: ....

b) Se **soubéssemos** que o filme era bom, teríamos assistido.

verbo: .... pessoa: ....

tempo: .... modo: ....

c) Comprarei uma borracha e um lápis novos.

verbo: .... pessoa: ....

tempo: .... modo: ....

d) É provável que eu **dê** banho no meu cachorro hoje.

verbo: .... pessoa: ....

tempo: .... modo: ....

6 Complete a receita com os verbos que estão faltando. **Dica**: eles devem estar no modo imperativo.

Sanduíche rápido

Ingredientes
1 pãozinho
1 colher (sopa) de requeijão
2 fatias de presunto
Modo de fazer

.... o pãozinho ao meio.

.... o requeijão nas duas partes do pão.

.... o presunto no meio e junte as duas partes.

Está pronto o sanduíche!

7 Leia o diálogo.

BIA, FAÇA SUA LIÇÃO ANTES QUE **FIQUE** TARDE.

QUANDO ESSE DESENHO **ACABAR**, EU FAÇO, MAMÃE.

a) Em que tempo e modo está o verbo destacado na fala da mãe?

....

b) E o verbo destacado na fala da menina?

....

8 Leia a tirinha e circule os verbos que estão no modo imperativo.

Nem tudo que balança cai!, de Fernando Gonsales. São Paulo: Devir, 2003.

Unidade 4

1 Observe as cenas e leia os balões.

a) Para saber o significado de **diagnosticou**, qual palavra se deve pesquisar?

_____

b) Procure essa palavra no dicionário e explique o sentido dela na situação acima.

_____

2 Escreva os verbos destacados na forma em que eles são encontrados no dicionário.

a) **Chove** muito na minha cidade. ....

b) Como **venta** nesta avenida! ....

c) **Neva** bastante nos Alpes suíços. ....

d) O dia **amanheceu** nublado. ....

e) **Trovejava** forte quando chegamos em casa. ....

f) **Geou** a noite toda em Santa Catarina. ....

g) Quando saí da escola **garoava** fraquinho. ....

h) No inverno **anoitece** mais cedo do que no verão. ....

o Complete a informação.

Os verbos acima indicam ....

3 Leia as palavras e escreva **S** para substantivo e **V** para verbo.

◯	tambor	◯	pintor
◯	zombar	◯	radar
◯	pintar	◯	interior
◯	querer	◯	compor
◯	refrigerador	◯	mentir
◯	receitar	◯	lenhador
◯	zelador	◯	hangar
◯	viver	◯	crescer
◯	zelar	◯	flor

o Complete a informação.

Os verbos que você marcou estão no modo ....

Ortografia

-ice, -isse; -ram, -rão

1 Leia as palavras do quadro e distribua-as nas colunas adequadas.

tolice	disse
chatice	velhice
abrisse	subisse
burrice	pedisse

Verbo	Substantivo

a) As palavras terminadas em **-isse** são: ◯ substantivos. ◯ verbos.

b) As palavras terminadas em **-ice** são: ◯ substantivos. ◯ verbos.

2 Complete as frases com os verbos entre parênteses conjugados no pretérito imperfeito do subjuntivo.

a) Seria bom se você .... mais alto. Assim, todos poderiam ouvir sua bela voz! (cantar)

b) Se você não ...., conseguiria o que tanto deseja. (desistir)

c) Seria maravilhoso se todas as crianças .... os brinquedos que têm. (dividir)

d) Se você .... mais, ficaria ainda mais bonita! (sorrir)

3 Forme substantivos a partir dos adjetivos abaixo. Veja o exemplo.

guloso: *gulodice*   tolo: ....   menino: ....

catona: ....   chato: ....   criança: ....

4 Complete as palavras com **-isse** ou **-ice**.

co............................   caduqu........................   produz........................

sent..........................   ca............................   velh.............................

fo............................   ouv...........................   dorm...........................

5 Observe os verbos.

estuda**ram** ⟶ passado (pretérito perfeito). É paroxítona.

estuda**rão** ⟶ futuro (do presente). É oxítona.

o Agora, reescreva as frases abaixo passando o verbo para o futuro.

a) Marta e Daniel estudaram juntos.

....

b) As lojas não abriram no feriado.

....

6 Forme uma frase com o que se pede em cada item.

a) Verbo **vencer**, futuro do presente, 3ª pessoa do plural.

....

b) Verbo **partir**, pretérito perfeito, 3ª pessoa do plural.

....

7 Leia os verbos em voz alta e marque um **X** nas colunas corretas. Veja o exemplo.

Verbo	Sílaba tônica	Classificação		Tempo	
		Oxítona	Paroxítona	Pretérito	Futuro
aceitaram	ta		X	X	
completarão					
despertaram					
falharam					
ganharão					

Verbos auxiliares

Leia.

O QUE VOCÊ **ESTÁ** FAZENDO?

ESTOU CONSTRUINDO UM CASTELO COM MATERIAL RECICLÁVEL.

Observe.

está   fazendo (do verbo **fazer**)

estou   construindo (do verbo **construir**)

verbo auxiliar   verbo principal

Os verbos **fazer** e **construir** são chamados de **verbos principais**. Eles dão significado à frase e são "auxiliados" pelo verbo **estar**. **Estar** é um verbo **auxiliar**.

Os principais verbos auxiliares são: **ser**, **estar**, **ter** e **haver**.

> **Verbo auxiliar** é aquele que acompanha outro verbo, chamado de principal, para expressar uma única ação verbal.

A expressão formada por um verbo auxiliar + um verbo principal é chamada de **locução verbal**. Veja.

O bebê   **está**   **dormindo**.

verbo auxiliar   verbo principal

Está dormindo é uma locução formada por dois verbos: **está** (verbo **estar**) e **dormindo** (verbo **dormir**).

Em uma locução verbal, conjuga-se apenas o verbo auxiliar:

Está dormindo.   **Estão** dormindo.   **Estamos** dormindo.

O verbo principal vem sempre em uma das formas nominais:

infinitivo: **dormir**   gerúndio: **dormindo**   particípio: **dormido**

Veja, a seguir, a conjugação dos verbos auxiliares **ser**, **estar**, **ter** e **haver**.

Modo indicativo

Presente				Pretérito imperfeito			
Eu sou	estou	tenho	hei	Eu era	estava	tinha	havia
Tu és	estás	tens	hás	Tu eras	estavas	tinhas	havias
Ele/Ela é	está	tem	há	Ele/Ela era	estava	tinha	havia
Nós somos	estamos	temos	havemos	Nós éramos	estávamos	tínhamos	havíamos
Vós sois	estais	tendes	haveis	Vós éreis	estáveis	tínheis	havíeis
Eles/Elas são	estão	têm	hão	Eles/Elas eram	estavam	tinham	haviam

Pretérito perfeito				Pretérito mais-que-perfeito			
Eu fui	estive	tive	houve	Eu fora	estivera	tivera	houvera
Tu foste	estiveste	tiveste	houveste	Tu foras	estiveras	tiveras	houveras
Ele/Ela foi	esteve	teve	houve	Ele/Ela fora	estivera	tivera	houvera
Nós fomos	estivemos	tivemos	houvemos	Nós fôramos	estivéramos	tivéramos	houvéramos
Vós fostes	estivestes	tivestes	houvestes	Vós fôreis	estivéreis	tivéreis	houvéreis
Eles/Elas foram	estiveram	tiveram	houveram	Eles/Elas foram	estiveram	tiveram	houveram

Futuro do presente				Futuro do pretérito			
Eu serei	estarei	terei	haverei	Eu seria	estaria	teria	haveria
Tu serás	estarás	terás	haverás	Tu serias	estarias	terias	haverias
Ele/Ela será	estará	terá	haverá	Ele/Ela seria	estaria	teria	haveria
Nós seremos	estaremos	teremos	haveremos	Nós seríamos	estaríamos	teríamos	haveríamos
Vós sereis	estareis	tereis	havereis	Vós seríeis	estaríeis	teríeis	haveríeis
Eles/Elas serão	estarão	terão	haverão	Eles/Elas seriam	estariam	teriam	haveriam

Modo subjuntivo

Presente			
Que eu seja	Que eu esteja	Que eu tenha	Que eu haja
Que tu sejas	Que tu estejas	Que tu tenhas	Que tu hajas
Que ele/ela seja	Que ele/ela esteja	Que ele/ela tenha	Que ele/ela haja
Que nós sejamos	Que nós estejamos	Que nós tenhamos	Que nós hajamos
Que vós sejais	Que vós estejais	Que vós tenhais	Que vós hajais
Que eles/elas sejam	Que eles/elas estejam	Que eles/elas tenham	Que eles/elas hajam

Pretérito imperfeito			
Se eu fosse	Se eu estivesse	Se eu tivesse	Se eu houvesse
Se tu fosses	Se tu estivesses	Se tu tivesses	Se tu houvesses
Se ele/ela fosse	Se ele/ela estivesse	Se ele/ela tivesse	Se ele/ela houvesse
Se nós fôssemos	Se nós estivéssemos	Se nós tivéssemos	Se nós houvéssemos
Se vós fôsseis	Se vós estivésseis	Se vós tivésseis	Se vós houvésseis
Se eles/elas fossem	Se eles/elas estivessem	Se eles/elas tivessem	Se eles/elas houvessem

Futuro			
Quando eu for	Quando eu estiver	Quando eu tiver	Quando eu houver
Quando tu fores	Quando tu estiveres	Quando tu tiveres	Quando tu houveres
Quando ele/ela for	Quando ele/ela estiver	Quando ele/ela tiver	Quando ele/ela houver
Quando nós formos	Quando nós estivermos	Quando nós tivermos	Quando nós houvermos
Quando vós fordes	Quando vós estiverdes	Quando vós tiverdes	Quando vós houverdes
Quando eles/elas forem	Quando eles/elas estiverem	Quando eles/elas tiverem	Quando eles/elas houverem

Modo imperativo

Afirmativo			
—	—	—	—
Sê tu	Está tu	Tem tu	Há tu
Seja você	Esteja você	Tenha você	Haja você
Sejamos nós	Estejamos nós	Tenhamos nós	Hajamos nós
Sede vós	Estai vós	Tende vós	Havei vós
Sejam vocês	Estejam vocês	Tenham vocês	Hajam vocês

Negativo			
—	—	—	—
Não sejas tu	Não estejas tu	Não tenhas tu	Não hajas tu
Não seja você	Não esteja você	Não tenha você	Não haja você
Não sejamos nós	Não estejamos nós	Não tenhamos nós	Não hajamos nós
Não sejais vós	Não estejais vós	Não tenhais vós	Não hajais vós
Não sejam vocês	Não estejam vocês	Não tenham vocês	Não hajam vocês

Formas nominais	Infinitivo	ser	estar	ter	haver
	Gerúndio	sendo	estando	tendo	havendo
	Particípio	sido	estado	tido	havido

Os verbos **ser**, **ter**, **haver** e **estar** podem aparecer sozinhos, sem um verbo principal. Nesse caso, não desempenham a função de verbo auxiliar. Veja a diferença.

Ana **está** contente.

está ●──→ verbo

Sofia **está lendo**.

está ●──→ verbo auxiliar

lendo ●──→ verbo principal

Atividades

1 Complete as frases com os verbos auxiliares do quadro.

| haviam | estão | serão | tem | seja | estavam |

a) Carmem .... treinado muito para a corrida. Tomara que ela .... classificada.

b) Tiago e Mateus .... gostando muito do filme.

c) Os jogadores .... convocados hoje; eles .... aguardando.

d) As crianças ficaram assustadas porque .... escutado um ruído estranho.

2 Circule as locuções verbais. Depois, observe os verbos destacados e pinte os quadrinhos segundo o código.

É verbo auxiliar.   Não é verbo auxiliar.

Se eles **tivessem** dinheiro, comprariam uma casa.

Se eles **tivessem** comprado a casa, **teriam** feito um bom negócio.

O quadro **foi** vendido por um preço alto.

Este quadro **é** lindo!

Marina **está** radiante com a apresentação de dança!

Camila **está** cursando o 5º ano.

Bruno morava com a tia **havia** cinco anos.

3 Observe a tirinha e identifique o verbo auxiliar e o verbo principal.

Verbo auxiliar: .... Verbo principal: ....

 **Fique por dentro!** _____

Outros verbos também podem exercer a função de auxiliares, formando uma locução verbal com o verbo principal. Veja este exemplo:

Vou brincar na calçada. Vou  brincar

| locução verbal | verbo auxiliar | verbo principal |

4 Leia as frases e faça como no exemplo.

Vou experimentar um pedaço de bolo.

Ação de tempo futuro.

Experimentarei um pedaço de bolo.

a) Vou falar com a diretora.

....

b) Vou verificar o que podemos fazer.

....

c) Não me ligue às 7 horas, pois nesse horário **vou estar estudando**.

....

5 Leia esta HQ.

Curta o Menino Maluquinho 2, de Ziraldo. São Paulo: Globo, 2007.

a) Identifique as locuções verbais nos quadrinhos e copie-as.

....

b) Transforme a locução verbal "vai andar" em um verbo no tempo futuro.

....

Fique por dentro!

Na fala, geralmente usamos uma locução verbal para indicar tempo futuro. Exemplo: **Vou ler** um gibi. ⟶ **Lerei** um gibi.

Ortografia

-em, -êm, -ém, -eem

Leia as frases e observe os verbos destacados.

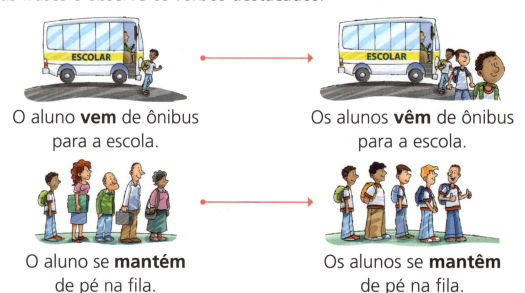

O aluno **vem** de ônibus para a escola.

Os alunos **vêm** de ônibus para a escola.

O aluno se **mantém** de pé na fila.

Os alunos se **mantêm** de pé na fila.

Como você viu, o verbo **vir** recebe acento circunflexo na 3ª pessoa do plural do presente do indicativo: ele **vem**, eles **vêm**.

E o verbo **manter** recebe acento agudo na 3ª pessoa do singular do presente do indicativo e circunflexo na 3ª pessoa do plural do presente do indicativo: ele **mantém**, eles **mantêm**.

Já os verbos **crer**, **dar**, **ler** e **ver** têm a letra **e** duplicada na 3ª pessoa do plural. Veja estes e outros verbos no quadro.

Verbo	Singular	Plural
ter	ele/ela **tem**	eles/elas **têm**
vir	ele/ela **vem**	eles/elas **vêm**
crer	ele/ela **crê**	eles/elas **creem**
dar	(que) ele/ela **dê**	(que) eles/elas **deem**
ler	ele/ela **lê**	eles/elas **leem**
ver	ele/ela **vê**	eles/elas **veem**

1 Complete as frases com o verbo destacado, fazendo a concordância.

a) A menina **lê** a revista. As meninas .... a revista.

b) Ele **tem** aula amanhã. Eles .... aula amanhã.

c) Os meninos **vêm** correndo. O menino .... correndo.

d) A garrafa **contém** água. As garrafas .... água.

2 Reescreva as frases, passando-as para o plural. Faça a concordância.

a) Tomara que o experimento dê certo.

....

b) Meu pai sempre mantém a calma.

....

c) Você não vê que ainda está cedo?

....

3 Complete as frases com os verbos do quadro. Acentue-os quando necessário.

veem	cre	vem	deem	leem	de	creem

a) No aviso do zoológico estava escrito: "Não .... comida aos animais".

b) O que os olhos não .... o coração não sente.

c) Minha tia avisou que .... amanhã cedo.

d) Enquanto Júlio lê um livro, seus pais .... o jornal.

e) A professora disse: "Por favor, ... os bilhetes para seus pais".

f) Aquela menina .... em Papai Noel.

g) Vocês .... em um país melhor?

Verbos irregulares

Leia o texto abaixo e observe os verbos destacados.

Dado Photos/Shutterstock

Peteca

Do tupi, a palavra "peteca" quer dizer "batendo".

Esse brinquedo a gente **herdou** dos índios, que já jogavam peteca antes mesmo de os portugueses chegarem aqui. Hoje o jogo se tornou um esporte. Nas Olimpíadas, a peteca **é** jogada com raquetes.

Almanaque Ruth Rocha, de Ruth Rocha.
São Paulo: Salamandra, 2012.

Os verbos podem ser classificados em **regulares** e **irregulares**.

Observe as formas do verbo **herdar**.

presente ⟶ Eu herdo.

pretérito perfeito ⟶ Eu herdei.

futuro do presente ⟶ Eu herdarei.

Elas seguem um modelo de conjugação. O verbo **herdar** e todos os outros que não sofrem alterações na conjugação são chamados de **regulares**.

Observe agora as formas do verbo **ser**.

presente ⟶ Eu sou.

pretérito perfeito ⟶ Eu fui.

futuro do presente ⟶ Eu serei.

Elas são bem diferentes umas das outras, ou seja, não seguem um modelo. O verbo **ser** e todos os outros que não seguem um modelo de conjugação são chamados de **irregulares**.

Conheça na página a seguir a conjugação de alguns verbos irregulares.

Modo indicativo

Verbo fazer (2ª conjugação)

Presente	Pretérito imperfeito	Pretérito perfeito	Pretérito mais-que-perfeito	Futuro do presente	Futuro do pretérito
Eu faço	fazia	fiz	fizera	farei	faria
Tu fazes	fazias	fizeste	fizeras	farás	farias
Ele/Ela faz	fazia	fez	fizera	fará	faria
Nós fazemos	fazíamos	fizemos	fizéramos	faremos	faríamos
Vós fazeis	fazíeis	fizestes	fizéreis	fareis	faríeis
Eles/Elas fazem	faziam	fizeram	fizeram	farão	fariam

Formas nominais	Infinitivo	Gerúndio	Particípio
	fazer	fazendo	feito

Verbo pôr (2ª conjugação)

Presente	Pretérito imperfeito	Pretérito perfeito	Pretérito mais-que-perfeito	Futuro do presente	Futuro do pretérito
Eu ponho	punha	pus	pusera	porei	poria
Tu pões	punhas	puseste	puseras	porás	porias
Ele/Ela põe	punha	pôs	pusera	porá	poria
Nós pomos	púnhamos	pusemos	puséramos	poremos	poríamos
Vós pondes	púnheis	pusestes	puséreis	poreis	poríeis
Eles/Elas põem	punham	puseram	puseram	porão	poriam

Formas nominais	Infinitivo	Gerúndio	Particípio
	pôr	pondo	posto

Verbo ir (3ª conjugação)

Presente	Pretérito imperfeito	Pretérito perfeito	Pretérito mais-que-perfeito	Futuro do presente	Futuro do pretérito
Eu vou	ia	fui	fora	irei	iria
Tu vais	ias	foste	foras	irás	irias
Ele/Ela vai	ia	foi	fora	irá	iria
Nós vamos	íamos	fomos	fôramos	iremos	iríamos
Vós ides	íeis	fostes	fôreis	ireis	iríeis
Eles/Elas vão	iam	foram	foram	irão	iriam

Formas nominais	Infinitivo	Gerúndio	Particípio
	ir	indo	ido

Atividades

1 Complete o quadro conforme o exemplo.

Verbo	Infinitivo	Conjugação	Regular	Irregular
punha	*pôr*	*2ª*		X
caminharei				
fez				
corremos				
compus				
vir				
trouxeste				
cumpriríamos				

2 Complete as frases com os verbos entre parênteses, de acordo com a indicação. **Dica**: todos os verbos são irregulares e estão no modo indicativo.

a) Ele .... ao clube todos os sábados. (ir — presente)

b) Clara .... o livro se lembrasse onde ele foi guardado. (trazer — futuro do pretérito)

c) Meus pais sempre .... às reuniões da escola. (vir — pretérito imperfeito)

d) Eu .... quem .... esta bagunça. (saber — presente/fazer — pretérito perfeito)

e) Tu .... as compras na geladeira? (pôr — pretérito perfeito)

f) Os alunos .... uma música para a festa da escola. (compor — futuro do presente)

3 Escreva as formas nominais dos verbos abaixo.

puseram: ....

viesse: ....

compôs: ....

fiz: ....

iam: ....

verei: ....

comprou: ....

colori: ....

Fique por dentro! ──────────────────────────────

As formas nominais são **infinitivo**, **gerúndio** e **particípio**.

4 Os verbos **compor** e **dispor** são derivados do verbo **pôr**. Conjugue esses verbos no presente do indicativo, nas pessoas indicadas abaixo.

Eu ....

Tu ....

Ele/Ela ....

Eu ....

Tu ....

Ele/Ela ....

5 Complete com os verbos irregulares entre parênteses no tempo adequado.

a) Ontem eu não .... a prova. (fazer)

b) Eu .... meu material na mochila todos os dias. (pôr)

c) Ele sempre .... um doce para sua irmã. (trazer)

d) Ontem eu fui à biblioteca e .... um livro de contos para ler. (trazer)

e) Ela .... os convites no correio amanhã. (pôr)

f) Eu .... meus brinquedos às crianças do orfanato no último sábado. (dar)

g) Mamãe .... da notícia ontem pelo jornal. (saber)

Ortografia

pôr, por

Leia o diálogo.

OLÁ, COMO FORAM DE VIAGEM?

A VIAGEM FOI ÓTIMA! ATÉ PASSAMOS **POR** SUA CIDADE NATAL!

E ESTAVA TÃO FRIO QUE TIVEMOS DE **PÔR** CASACOS.

Compare a função das palavras destacadas.

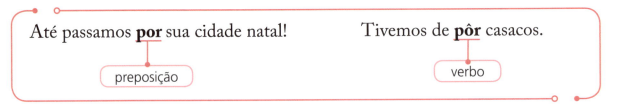

Até passamos **por** sua cidade natal!

preposição

Tivemos de **pôr** casacos.

verbo

Fique por dentro!

A preposição **por** não tem acento; o verbo **pôr** tem acento.

1 Classifique as palavras destacadas nas frases.

a) A encomenda passou **por** muitas cidades até ser entregue ao dono.

....

b) Não é melhor **pôr** essas frutas na geladeira? ....

c) Você passou **por** Campinas ao vir para São Paulo? ....

d) Que roupa você vai **pôr** esta noite? ....

2 Complete as frases com **por** (preposição) ou **pôr** (verbo).

a) A agência de empregos foi procurada .... muita gente.

b) O dançarino foi aplaudido .... toda a plateia.

c) A estudante resolveu .... seus livros na estante.

d) Você vai .... moedas no cofre?

e) Meu irmão comprou uma bicicleta .... um bom preço.

f) É preciso .... gelo no suco.

3 Leia este trecho de uma fábula e complete as lacunas com **pôr** ou **por**.

Muitas galinhas e alguns galos viviam sossegadamente, num certo galinheiro. Novidades, ... lá nunca havia. Só mesmo quando a pata, que morava no quintal vizinho, vinha com seus patinhos visitá-los. Era, na verdade, uma vida bem tranquila; os galos cantavam na hora certa e as galinhas cuidavam de seus filhotes, além de .... ovos, naturalmente.
[...]

Fábulas 2, de Mary França e Eliardo França. São Paulo: Ática, 2008.

4 Observe as figuras. Depois, forme frases com as palavras dadas.

por aqui

....

....

pôr no

....

....

LIXO

Advérbio e locução adverbial

Leia este trecho do livro **Diário de um banana**.

> **Antigamente**, as pessoas eram **mais** duronas do que **hoje** em dia.
>
> Mas os seres humanos evoluíram, e **agora** precisamos de coisas como escovas de dentes elétricas, *shoppings* e sorvetes de casquinha pra sobreviver.
>
> Aposto que nossos ancestrais ficariam decepcionados com o que nos tornamos. Mas, **depois** que inventaram o ar-condicionado, **não** tem **mais** volta.
>
> Ficamos tão mimados que daqui a pouco nem vamos precisar sair de casa se **não** quisermos.
>
> **Diário de um banana: bons tempos**, de Jeff Kinney. São Paulo: V&R Editoras, 2015.

As palavras destacadas são chamadas de **advérbios**. Veja a ideia que essas palavras acrescentam ao verbo.

- tempo: antigamente, hoje, agora, depois
- Negação: não
- Intensidade: mais

> **Advérbios** são palavras que não variam e exprimem ideia de modo, tempo, lugar, etc.

Os advérbios são classificados de acordo com a ideia que expressam. Veja alguns deles no quadro.

Tempo	agora, hoje, ontem, amanhã, sempre, depois, nunca, jamais, cedo, tarde, já, diariamente, antigamente
Lugar	aqui, aí, ali, cá, lá, acolá, longe, perto, atrás, dentro
Modo	assim, bem, mal, depressa, devagar, rápido, melhor, pior e muitos advérbios terminados em **-mente** (exemplos: regularmente, gradativamente, vagarosamente)
Intensidade	muito, pouco, tão, tanto, bastante, mais, menos, demais, meio
Afirmação	sim, realmente, certamente, deveras, efetivamente
Negação	não, tampouco, nem
Dúvida	talvez, acaso, porventura, possivelmente, provavelmente

O advérbio pode modificar um verbo, um adjetivo ou outro advérbio. Veja.

Você **chegou** **tarde**.

verbo — advérbio de tempo

Esta praia é **linda** **demais**!

adjetivo — advérbio de intensidade

Chegamos **muito** **cedo**.

advérbio de intensidade — advérbio de tempo

● Locução adverbial

Leia este texto.

Bolo de Reis

Na Europa, costumam fazer um bolo no Dia de Reis. Dentro do bolo colocam: uma aliança, uma moeda, uma chave. Quando se divide o bolo, quem encontrar a aliança vai se casar **em breve**, quem encontrar a chave vai ter uma casa nova, e quem encontrar a moeda vai ganhar muito dinheiro.

Almanaque Ruth Rocha, de Ruth Rocha. São Paulo: Salamandra, 2012.

A expressão **em breve** está modificando o verbo **casar** e indica uma circunstância de tempo. Ela é uma locução adverbial.

> **Locução adverbial** é o conjunto de duas ou mais palavras que exercem a função de advérbio.

Conheça algumas locuções adverbiais.

em cima de (lugar)	com certeza (modo)
de jeito nenhum (negação)	de repente (tempo)
de manhã (tempo)	com atenção (modo)

Atividades

1 Leia o texto e observe as palavras destacadas.

Nosso time costumava treinar **semanalmente** na quadra do parque. No final de cada mês ocorriam **ali** jogos emocionantes.

Hoje isso **não** acontece **mais**, pois a quadra está **muito** velha. **Talvez** os jogos voltem a acontecer quando uma reforma for feita.

○ Complete as frases.

a) As palavras **mensalmente** e **hoje** indicam circunstância de: ....

b) As palavras **muito** e **mais** indicam circunstância de: ....

c) A palavra **talvez** indica circunstância de: ....

d) A palavra **ali** indica circunstância de: ....

e) As palavras destacadas no texto são:

○ verbos.　　　○ substantivos.　　　○ advérbios.

> **Fique por dentro!**
> Os advérbios informam as circunstâncias em que algo se dá: **onde** (lugar), **quando** (tempo), **como** (modo), etc.

2 Complete as frases com um advérbio que modifique o verbo destacado.

a) As meninas se **saíram** .... no jogo de ontem.

b) Os alunos **ouviram** .... o que o professor disse.

c) Eu **moro** ...., naquela casa branca.

d) Mateus **gosta** .... de ouvir música.

e) O gato se **escondeu** .... de um telhado para se proteger da chuva.

3 Leia o texto.

Reciclar

A reciclagem aproveita os resíduos como matéria-prima para fabricar novos objetos, possibilitando que retornem ao ciclo produtivo. O processo é **geralmente** realizado em usinas de reciclagem, mas para chegar **lá** o lixo precisa **primeiro** ser separado. Em casa, **já** é possível fazer os descartes separando os materiais que podem ser reciclados dos que **não** podem. Mas não

adianta **apenas** a separação doméstica: o serviço de coleta do lixo não pode misturá-los — é preciso haver a chamada coleta seletiva.

Dificilmente se faz reciclagem em casa, porque ela exige equipamento para transformar detritos em matéria-prima. É possível fazer papel reciclado de forma artesanal, mas ele é **bem** diferente do papel reciclado industrialmente.

A dica, portanto, é não jogar fora sobras de material reciclável. Esse material pode ser vendido, doado ou encaminhado para algum programa de coleta seletiva.

Lixo e sustentabilidade, de Sonia Marina Muhringer, Michelle M. Shayer. São Paulo: Ática, 2011.

• Agora, escreva os advérbios destacados no texto.

de lugar: ....

de modo: ....

de negação: ....

de tempo: ....

de ordem: ....

de exclusão: ....

4 Complete o texto escrevendo, em cada espaço, apenas uma palavra que indique **quando**, **como** e **onde** as ações acontecem.

Quando minha mãe levantou, ainda era .... Estranhei, pois ela .... levantava .... das 7 horas. .... curioso, atravessei o corredor e entrei pela porta .... aberta do quarto dela. De repente parei .... de uma caixa com um cartão que mamãe acabara de colocar, no qual estava escrito: "Para meu filho adorado, que .... completa .... um ano de vida!".

Entendi, então, por que ela levantara mais .... Era meu aniversário e, sem querer, estraguei a surpresa!

5 Localize as locuções adverbiais nas frases e circule-as.

a) O encanador realizou o serviço em alguns minutos e saiu.

b) Esta colcha foi feita à mão.

c) Coloquei o vaso no canto da mesa.

d) A partida está sendo disputada com garra.

e) De repente ouvimos um som estrondoso.

○ Agora, complete o quadro com as locuções adverbiais que você circulou e com a ideia que elas dão.

Verbos a que se referem	Locução adverbial	Dá ideia de
realizou		
feita		
coloquei		
disputada		
ouvimos		

Ortografia

bem, mal; bom, mau

Leia as falas.

VOCÊ ESTÁ SE SENTINDO **BEM**?

FILHO, VOCÊ NÃO DEVE FALAR **MAL** DOS SEUS COLEGAS.

Bem é o contrário de **mal**.

Agora, compare estas falas com as dos balões acima.

AMANHÃ TEREMOS TEMPO **BOM**!

POR QUE TANTO **MAU** HUMOR?

Bom é o contrário de **mau**.

1 Complete as frases com **mau** ou **mal**.

a) O .... humor de João irritou a todos.

b) Ela estava com dor de cabeça, por isso parecia ....-humorada.

2 Complete as frases com **bom** ou **bem**.

a) O jogador está num .... momento de sua carreira.

b) Que jovem ....-educado! Ajudou-me sem que eu pedisse.

Unidade 4

Oração, sujeito e predicado

Leia a história em quadrinhos.

Almanaque Historinhas de uma página da Turma da Mônica, de Mauricio de Sousa. São Paulo: Panini Comics, n. 1, jul. 2007.

Observe que em cada balão há uma frase.

Frase é uma palavra ou um conjunto de palavras com sentido completo.

As frases podem ter verbo ou não. Já a oração se caracteriza pela presença de um verbo.

Na frase **Atenção!** não há verbo, portanto ela não é uma oração.

Agora, observe.

Sorriam!

verbo

Olha o passarinho!

verbo

Cada uma dessas frases é uma **oração**.

 Oração é uma frase que se organiza em torno de um verbo.

Leia.

Os alunos **jogam** bola no pátio.

Observe.

Quem?

Os alunos

sujeito

Faz o quê?

jogam bola no pátio.

predicado

Numa oração há dois elementos principais: o **sujeito** e o **predicado**.

 Sujeito é o ser sobre o qual se informa alguma coisa.
Predicado é tudo aquilo que se informa sobre o sujeito.

Compare estas duas orações.

O **professor** chegou cedo.

núcleo do sujeito

O professor **João** chegou cedo.

núcleo do sujeito

O **porteiro** e o **diretor** chegaram cedo.

núcleos do sujeito

O **núcleo** do sujeito é a palavra que contém a informação principal do sujeito.

O sujeito é **simples** quando tem **um** só núcleo.
É **composto** quando tem **dois ou mais** núcleos.

Atividades

1 Escreva uma frase sem verbo no balão de cada cena. Use apenas uma palavra.

2 Pinte os quadrinhos de cada figura conforme o código abaixo.

 Frase com verbo.    Frase sem verbo.

3 Observe.

a) Copie da placa as frases com verbos e circule-os.

....

....

....

b) Qual frase não é uma oração?

....

    o Por quê?

....

4 Leia um texto sobre o urso-polar, o maior animal carnívoro terrestre.

Os pelos do urso-polar **são** ocos e quase transparentes, mas, no conjunto, **dão** a impressão de serem brancos. Os cientistas não **sabem** por quê, mas os pelos **funcionam** como isolantes térmicos podero-sos. Ou seja, junto com a grossa camada de gordura que **fica** sob a pele do animal, os pelos **dificultam** a entrada do frio e **permitem** que o corpo do urso **fique** quentinho por mais tempo.

bikeriderlondon/Shutterstock

Gigante do gelo, de Julia Moióli. **Recreio**. São Paulo: Abril, ano 9, n. 444, 10 set. 2008.

o Agora, escreva o sujeito dos verbos destacados no texto.

são: ....

dão: ....

sabem: ....

funcionam: ....

fica: ....

dificultam: ....

permitem: ....

fique: ....

5 Observe a cena e complete as frases com o que se pede.

.... irão ao cinema juntos.

(sujeito composto)

Eles ....

(predicado)

 que por dentro! ────────────────────

O **sujeito** pode ter mais de um núcleo.

O **verbo** faz parte do predicado.

6 Complete as orações com um sujeito ou um predicado. Atenção à concordância do sujeito com o verbo.

Sujeito	Predicado
....	adoram *pizza*.
Os palhaços	....
Eu	....
A banda de *rock*	....
....	deve jogar o lixo na lixeira.
Nós	....

7 Circule o sujeito de cada oração. Depois copie o(s) núcleo(s) e classifique o sujeito em simples ou composto.

a) Amanda adora pipoca.

....

b) Romeu e Julieta são personagens de um clássico da literatura.

....

c) As pessoas ficaram apreensivas no voo.

....

d) A multidão aplaudiu os artistas no final da apresentação.

....

e) Nós estamos ansiosos pelas férias.

....

8 Leia a tirinha.

NÃO ESTOU ENTENDENDO, MIGUELITO. QUE HISTÓRIA É ESSA DE FICAR SENTADO ESPERANDO ALGUMA COISA DA VIDA?

É ISSO MESMO: VOU FICAR AQUI SENTADO ESPERANDO A VIDA ME DAR ALGUMA COISA

SERÁ QUE O MUNDO ESTÁ ASSIM PORQUE ESTÁ CHEIO DE MIGUELITOS?

© Joaquín Salvador Lavado (Quino)/Acervo do cartunista

Toda Mafalda, de Quino. São Paulo: Martins Fontes, 2003. p. 105.

Fique por dentro!

A locução verbal tem a mesma função do verbo.

o Copie da tirinha:

a) os verbos: ....

b) as locuções verbais: ....

....

Ortografia

meio, meia

Observe.

CARNAVAL

CARNAVAL é uma palavra
meio louca, cheia de brilhos,
cheia de cores e vozes,
cheia de ritmos e suores.

O jogo das palavras mágicas, de Elias José. São Paulo: Paulinas, 1996.

No poema, a palavra **meio** significa 'um pouco', 'mais ou menos'.

Quando equivale a 'um pouco' ou 'mais ou menos', a palavra **meio** é advérbio, portanto é invariável. Exemplos: **meio** louco, **meio** louca; **meio** cansados, **meio** cansadas.

Agora, leia a tirinha e observe a palavra destacada.

Garfield, um gato de peso, de Jim Davis. São Paulo: Meribérica do Brasil, 1999.

A palavra **meia** é adjetivo e equivale a **metade**. A palavra é variável. Exemplos: **meia** caneca/**meio** copo; **meia** hora/**meio** minuto.

1 Observe as falas dos balões e justifique o uso de **meio** e **meia**.

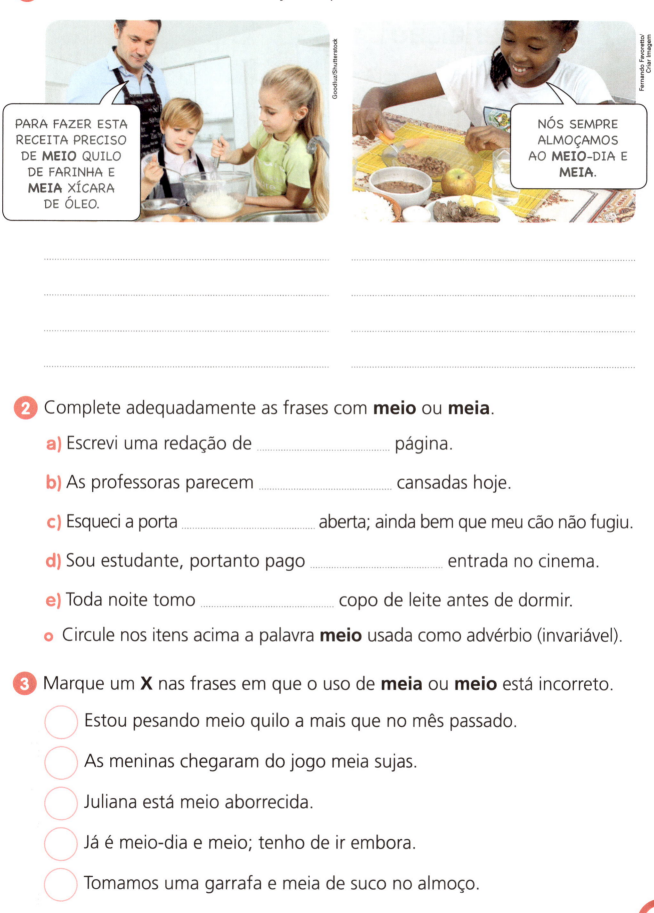

PARA FAZER ESTA RECEITA PRECISO DE **MEIO** QUILO DE FARINHA E **MEIA** XÍCARA DE ÓLEO.

NÓS SEMPRE ALMOÇAMOS AO **MEIO**-DIA E **MEIA**.

Goodluz/Shutterstock

Fernando Favoretto/ Criar Imagem

....

....

....

....

2 Complete adequadamente as frases com **meio** ou **meia**.

a) Escrevi uma redação de .... página.

b) As professoras parecem .... cansadas hoje.

c) Esqueci a porta .... aberta; ainda bem que meu cão não fugiu.

d) Sou estudante, portanto pago .... entrada no cinema.

e) Toda noite tomo .... copo de leite antes de dormir.

o Circule nos itens acima a palavra **meio** usada como advérbio (invariável).

3 Marque um **X** nas frases em que o uso de **meia** ou **meio** está incorreto.

◯ Estou pesando meio quilo a mais que no mês passado.

◯ As meninas chegaram do jogo meia sujas.

◯ Juliana está meio aborrecida.

◯ Já é meio-dia e meio; tenho de ir embora.

◯ Tomamos uma garrafa e meia de suco no almoço.

Capítulo 7

Interjeição

Leia esta HQ.

Curta o Menino Maluquinho 2, de Ziraldo. São Paulo: Globo, 2007.

No segundo quadrinho, a palavra **Ué** expressa surpresa.

No terceiro quadrinho, a palavra **Ei** expressa apelo.

No quinto e sétimo quadrinhos, as palavras **Caramba** e **Droga** expressam desagrado.

No sexto quadrinho, a palavra **Oba** expressa alegria.

No sétimo quadrinho, as palavras **Ai** e **Ui** expressam dor.

As palavras destacadas são interjeições.

Interjeição é a palavra invariável usada para exprimir sensações, emoções e sentimentos.

Conheça algumas interjeições e o que elas indicam.

Admiração	Ah!, Oh!, Nossa!, Puxa!, Caramba!, Uau!
Advertência	Cuidado!, Olhe!, Atenção!
Agradecimento	Obrigado!, Obrigada!, Grato!, Grata!, Valeu!
Alegria	Ah!, Oh!, Eh!, Oba!, Viva!, Eba!
Alívio	Ufa!, Arre!
Animação	Eia!, Coragem!, Avante!, Vamos!, Força!
Apelo	Socorro!, Psiu!, Ei!
Aplauso	Bravo!, Apoiado!, Bis!, Ótimo!, Legal!
Desagrado	Ih!, Xi!, Arre!, Credo!, Droga!
Nojo	Argh!
Desejo	Oxalá!, Tomara!, Pudera!
Dor	Ai!, Ui!
Medo	Cruzes!, Uh!, Ui!, Credo!
Pena	Coitado!, Oh!
Satisfação	Viva!, Oba!, Boa!, Hum!
Saudação	Oi!, Olá!, Alô!, Salve!
Silêncio	Psiu!, Silêncio!

Leia a tirinha e observe o uso da interjeição.

Garfield, Jim Davis. © 2008 Paws, Inc. All Rights Reserved./ Dist. Universal Uclick

Unidade 4

265

Atividades

1 Leia as frases e circule as interjeições. Depois, indique o que cada interjeição expressa. Consulte o quadro.

> espanto   decepção   medo   alegria

a) Ih, não vamos mais à praia?

....

b) Xi! Parece que você está febril.

....

c) Viva! Vamos acampar!

....

d) Cruzes! Está muito escuro aqui dentro!

....

 **Fique por dentro!** ────────────

> Duas ou mais palavras podem desempenhar a função de uma interjeição. São as **locuções interjetivas**.

2 Circule nas frases as locuções interjetivas.

a) Que pena! Está chovendo e não posso sair...

b) Você passou de ano? Muito bem!

c) Essa não! Errei novamente a mesma conta.

d) Graças a Deus! Você chegou bem.

3 Escreva uma frase com a locução interjetiva **Ora bolas!**

4 Circule as interjeições que aparecem nos trechos das letras de canção a seguir.

[...]
Ah, porque estou tão sozinho
Ah, porque tudo é tão triste
Ah, a beleza que existe
A beleza que não é só minha
Que também passa sozinha
[...]

Garota de Ipanema, de Vinícius de Morais e Antônio Carlos Jobim. **Série Elenco: Antônio Carlos Jobim (CD)**, 1963.

[...]
Salta além da estratosfera
E cai onde cair
Que a galera
Morre de rir!
Ai, minhas costelas!
Já estou vendo estrelas!
Bravo! Bravo!
[...]

Piruetas, de Chico Buarque. **Os Saltimbancos Trapalhões (CD)**. Universal Music Brasil, 1981.

5 Leia as interjeições, circule-as e faça a correspondência.

1 Ui, meu dente!		despedida
2 Tchau! Tenho que ir agora.		satisfação
3 Oba! Vamos à praia!		cansaço
4 Ah, pare com isso!		alegria
5 Ufa, não aguento mais andar!		nojo
6 Psiu! Não quero barulho!		silêncio
7 Argh! Uma barata!		dor
8 Hum... que delícia!		chateação

Ideias em ação

Observe a imagem abaixo. Imagine que a família está em férias e vai viajar.

Converse com os colegas sobre o destino que vocês imaginam que essa família escolheu para as férias. Tente imaginar por quanto tempo eles vão viajar e quando voltarão.

Agora, responda.

a) Usando ao menos três verbos regulares e dois irregulares, descreva o que a família planeja fazer nas férias.

....

....

....

....

....

b) Imagine que todo ano essa família faça uma viagem de férias. Usando verbos no pretérito, conte como foi a viagem do ano anterior.

....

....

....

....

....

c) Imagine que um amigo da família enviou mensagem perguntando como está sendo a viagem e quando todos retornam. Escreva um pequeno texto respondendo a essa mensagem. Use pelo menos um advérbio de modo e um advérbio de tempo.

....

....

....

....

....

....

Livros

A rebelião dos acentos, de William Tucci, Scipione.

Natália e Sofia descansam na grama de uma pracinha. De repente, ouvem vozes e pensam que são de insetos. Será maluquice? Na verdade, trata-se de um exército de acentos revoltados porque as pessoas não reconhecem seu valor. Um modo divertido de abordar o uso dos acentos e de outros sinais auxiliares na escrita da língua portuguesa.

Emília no País da Gramática, de Monteiro Lobato, Globo.

A boneca Emília sempre tem ideias geniais. Dessa vez, ela convidou seus amigos para passearem pelo País da Gramática. Assim, eles poderiam aprender a língua portuguesa enquanto caminhavam pela cidade Portugália, criando palavras ou conversando com as senhoras Etimologia, Sintaxe, Ortografia e muitas outras, que ensinam a origem e o significado das palavras e como escrevê-las.

Fábulas de Jean de La Fontaine, adaptação de Lúcia Tulchinski, Scipione.

Cada um deve valorizar os próprios dons. O que serve para uma pessoa pode não funcionar para outra. O céu ajuda a quem se ajuda. Quem trabalha garante o seu futuro. Esses e outros ensinamentos aparecem nas fábulas reunidas neste volume.

Navegando pela língua portuguesa, de Douglas Tufano, Moderna.

A língua portuguesa muda o tempo todo, mas quando será que ela nasceu? Cheio de curiosidades, este livro mostra como a nossa língua surgiu e como ela foi se transformando com todas as contribuições que recebeu.

O clube dos contrários, de Sílvia Zatz, Companhia das Letrinhas.

Juca não entendia por que devia fazer tudo do jeito dos adultos. Por que usar a cadeira só para sentar se ela também podia ser o estacionamento de uma nave espacial? Para provar que estava certo, Juca criou o Clube dos Contrários. Lá, tudo era muito divertido, mas ocorreram alguns probleminhas...

O homem que calculava, de Malba Tahan, Record.

Você gosta de fazer contas, mexer com algarismos e brincar com jogos matemáticos? Então precisa conhecer a história de Bereniz Samir, um viajante que tem o dom da Matemática. Até os problemas mais difíceis são simples para ele. Você vai se surpreender.

O piano das cores, de Massin, Ibep.

Jonas é um menino brincalhão, bom aluno e um pouquinho bagunceiro. Aparentemente comum, não? Mas algo o tornava especial: Jonas enxergava os sons e ouvia as cores! Por isso seu pai construiu um piano diferente para ele: o piano das cores. Como será que esse instrumento funciona?

Píppi Meialonga, de Astrid Lindgren, Companhia das Letrinhas.

Píppi tem só nove anos, mas tem uma vida bem diferente: ela mora sozinha, porque não tem os pais, e é feliz da vida! Ela mesma faz suas roupas (um pouco estranhas) e sua comida (biscoitos, panquecas e sanduíches). Encantadora, Píppi realiza sonhos de liberdade e aventura.

Uma menina, um menino: papel de carta, papel de embrulho, de Flavio de Souza, Scipione.

A menina escreve cartas para amigos de mentirinha; o menino faz embrulhos coloridos e enfeitados. Do encontro dos dois, surgem divertidas brincadeiras... e uma grande amizade!

Bibliografia

ADAMS, M. J. et al. *Consciência fonológica em crianças pequenas.* Porto Alegre: Artmed, 2006.

ANTUNES, I. *Gramática contextualizada:* limpando "o pó das ideias simples". São Paulo: Parábola Editorial, 2007.

_____. *Muito além da gramática:* por um ensino de línguas sem pedras no caminho. São Paulo: Parábola Editorial, 2007.

AZEREDO, J. C. de. *Gramática Houaiss da língua portuguesa.* São Paulo: Publifolha, 2014.

BAGNO, M. *Gramática pedagógica do português brasileiro.* São Paulo: Parábola Editorial, 2012.

BECHARA, E. *Moderna gramática portuguesa.* Rio de Janeiro: Nova Fronteira, 2009.

BELINTANE, C. *Oralidade e alfabetização:* uma nova abordagem da alfabetização e do letramento. São Paulo: Cortez, 2013.

CAGLIARI, L. C. *Alfabetização & linguística.* São Paulo: Scipione, 2009. (Pensamento e ação na sala de aula).

CAMARA JÚNIOR, J. M. *Dicionário de linguística e gramática:* referente à língua portuguesa. Petrópolis: Vozes, 2009.

_____. *Manual de expressão oral e escrita.* Petrópolis: Vozes, 2012.

CEGALLA, D. P. *Dicionário de dificuldades da língua portuguesa.* Rio de Janeiro: Lexikon, 2009.

CUNHA, C.; CINTRA, L. F. L. *Nova gramática do português contemporâneo.* Rio de Janeiro: Nova Fronteira, 2013.

INSTITUTO ANTÔNIO HOUAISS; AZEREDO, J. C. (Coord.). *Escrevendo pela nova ortografia:* como usar as regras do novo acordo ortográfico da língua portuguesa. São Paulo: Publifolha, 2013.

LUFT, C. P. *Novo Guia Ortográfico.* São Paulo: Globo, 2013.

MICOTTI, M. C. de O. (Org.). *Leitura e escrita:* como aprender com êxito por meio da pedagogia de projetos. São Paulo: Contexto, 2009.

MORAIS, A. G. *Sistema de escrita alfabética.* São Paulo: Melhoramentos, 2012. (Como eu ensino).

NÓBREGA, M. J. *Ortografia.* São Paulo: Melhoramentos, 2013. (Como eu ensino).

PERINI, M. A. *Para uma nova gramática do português.* São Paulo: Ática, 2007.

SAVIOLI, F. P.; FIORIN, J. L. *Para entender o texto:* leitura e redação. São Paulo: Ática, 2007.

TRAVAGLIA, L. C. *Na trilha da gramática:* conhecimento linguístico na alfabetização e letramento. São Paulo: Cortez, 2013.

ZABALA, A.; ARNAU, L. *Como aprender e ensinar competências.* Porto Alegre: Artmed, 2010.